梁启超
家书

梁启超◎著

中国华侨出版社

北京

出版说明

　　梁启超（1873—1929），字卓如，号任公，清朝光绪年间举人，是中国近代思想家、教育家、史学家、文学家。也是中国近代维新派和法家的代表人物。他一生著述颇多，主要作品有《少年中国说：论近世国民竞争之大势及中国前途》《中国历史研究法》《中国近三百年学术史》《李鸿章传》《王安石传》等，内容涉及领域包括政治、哲学、史学、文学、民族、教育、法律等。

　　梁启超一生不仅创作了大量的学术著作和时事论文，还为世人留下了可观的书信，其中多为给孩子们的家书，在教育子女上也是我们现代人的楷模。"一门三院士，九子皆才俊"是对梁启超育人成果的最好证明。长女梁思顺是我国诗词研究专家、长子梁思成是著名的建筑学家、次子梁思永是著名考古学家、三子梁思忠是炮兵军官、次女梁思庄是著名图书馆学家、四子梁思达是著名的经济学家、三女梁思懿是著名的社会活动家、四女梁思宁投身革命数十载、五子梁思礼是著名的火箭系统控制专家。

　　本书按照时间顺序选取了142封梁启超致几个孩子的书信，在信中我们不仅可以看到拳拳的父爱之心和精深的教育理念，也能体会到作为著名的思想家和教育家要求孩子们严以律己的淳朴家风。此外，为尊重梁启超先生著作的历史原貌，在原著中有些用词和现代用词略有不同时，我们保留了作者的语言风格和文字用词。由于编者水平有限，难免有错漏之处，敬请斧正。

目 录
Contents

一九二七年家书

一九二八年家书

梁 启 超 家 书

一九二二年家书

致梁思顺书

1912 年 10 月 5 日

　　门司一电，想早达。登舟吸纳海风，宿疾全愈，胃逾壮。门司展轮之翌晨，风颇剧，第三日至平稳，第四日之夕，又遇大风，并我亦觉体中不适，荷丈则几于无心人世矣。惟尔二叔饮啖更健，真可人也。此次因船小无散步处，闷守小室中，殆无复海行之乐，幸同行有数人，得谐谈消遣耳。因风稍迟数（初五晨十时到沽）时乃到大沽，遂不能趁早潮直至，今晚（初五）十时可进，明日破晓登岸也。船到步（埠）后，尚须候一日，此真天下所无，此中国之所以为中国欤。此间已寒极，可以御裘。去年一冬不冰河，遂开未有之奇变，今年恐九月遂冰河，又不知生何变象也。在舟一来复，不知世事，不审登岸后有何惊心动魄之事也。天气渐寒，祖父寒衣宜早备，睡席恐冷，可劝支床。吾到津后，当甚忙，或不能多写信，告祖父不必悬念，拟到津后，即买奶子葡萄托船主带上，未审能有暇否耳。匆匆写。

　　示娴儿①

饮冰②　初五夕大信丸

书呈祖父，不另禀。

---

　　① 娴儿：梁启超的长女梁思顺。
　　② 饮冰：梁启超自称。

致梁思顺书

1912 年 10 月 11 日

　　到津后情形，由汝叔报告，想先达，三日来无一刻断宾客，（唐绍仪及前直督张锡銮皆已来谒，赵秉钧、段祺瑞皆派代表来。）门簿所登已逾二百人矣。各省欢迎电报，亦络绎不绝，此次声光之壮，真始愿不及也。张謇[1]、黄兴[2]皆候三日，因初十在湖北开国纪念，彼等候至初七不至，遂皆往鄂耳。汝所发电报，误初五为初三，故自初二日各人麕集，客邸俱满，诸熟人向荷丈戟手唾骂，谓误电害人，统计所核，将及十万，要荷丈赔偿损害云云，然正以此，故今日各人次第归京（人人盘费皆竭），此间又稍得清静也。（明日礼拜六，又将纷纷来矣。）连日赴共和、民主两党欢迎宴及演说会，又地方官纷纷请宴，应酬苦极。寓中则分三处，客厅无时不满，大约总须十日后，乃能回复秩序也。共和、民主两党合并已定，举黎[3]为总理，吾为协理，张、伍、那皆退居干事，大约一月内（现甚秘密）成立发表，国民党亦曾来交涉，欲请吾为理事，经婉谢之，彼必愤愤，然亦无如何也。入京期尚未定，项城[4]颇盼速往，吾约以两旬后或竟俟新党成立后乃往，亦未可知。此间屋小不敷住，一月后或将迁居，然总住津，不住京也。祖父大人近体何如，天气渐寒，总以不睡地为宜，可婉劝。吾虽终日劳劳，（惟未得一好跟人，颇不便耳。）而精神逾健，亦因诸事顺遂，故神气旺耶？汝功课如何，所听受能领悟否？随时告我。思成病全愈否？本月家用尚充否？现尚未收报

---

　　① 张謇，字季直，号啬庵。江苏南通人，中国近代实业家、政治家、教育家、书法家。

　　② 黄兴：中国近代民主革命家，中华民国的创建者之一，孙中山先生的第一知交。

　　③ 黎：即黎元洪，字宋卿，是湖北黄陂人，中华民国第一任副总统、第二任大总统。

　　④ 项城：即袁世凯，字慰亭，河南项城人，人称袁项城。

款，故不能寄来，北方今年大约无事，住此极可安适。勿念。

此示娴儿。

饮冰　十月十一日

致梁思顺书
1912 年 10 月 13 日

　　汝德叔已至，亦阻潮一日也。前电及函想俱达，连日应酬之繁如故，惟各事进行，一日千里，虽繁冗，亦不觉其苦也。现所难处者，惟国民党欢迎入党一事，彼已二次专人来劝驾，然此安可者，只有拒绝之而已。共和、民主两党大约两旬后联合成立，两党员皆有"哀鸣思战斗，迥立向苍苍"之意，选举胜利可期，然自兹以往，当无日不与大敌相见于马上，吾则必须身先士卒也。项城约早入京，（迟早本无不可，因莫礼逊由英新归，欲就我决定借款问题。顷复有一事，北京大学堂学生正反对新校长，闻吾至则向政府要求任我就此职，今日各科各派代表四人来津求我承认，已力辞之矣。）同人意欲俟大党成立后乃往，顷荷丈方在京，待彼来乃能定也。项城月馈三千，受之与否，亦尚未定，旅费家费皆极繁，恐不能不受也。党成后，此间诸事稍定，尚须往鄂一行，寓所或须移至京。（项城已为我备一宅，我若不往，即命鼎父看屋也。）汝叔因语言不甚通，料理家务极苦，日言须汝母来，吾意无论如何，必须俟汝听讲毕业，虽人事难知，或不及待，亦未可知，当念光阴难得，黾勉日进，诸事可禀祖父大人知之。

　　此示娴儿。

饮冰　十三日

致梁思顺书

1912 年 10 月 17 日

　　连日两党议合并大略就绪，吾准二十日入京，在京小住四五日，即须赴鄂。京中行馆，一切由总统府供张，即前此用以馆黄氏者也。此次项城致敬尽礼，各界欢腾，万流辏集前途气象至佳也。惟应酬苦极，夜不得睡，今日虚火涌上，牙痛大作，遥思须摩、箕面间，菊花正肥，枫叶将赤，携酒跌宕，为乐何极，无端预人家国事，尘容俗状良自怜也。祖父大人比来心绪何似，宜常侍游以慰岑寂。汝学业何如，能听受领会否？吾于一身起居饮食，既不惯料理，加以此间食客日常十数，仆役亦十余人，汝叔言语不大通，荷丈又无暇，在理非汝母归来（汝母归后家费月当省百数）不可，然吾欲汝学成，不思移家也。客散将睡，辄复作此。

　　娴儿读。

　　　　　　　　　　　　　　　　　　　　　　饮冰　十月十七日

　　项城书呈祖父一览。

致梁思顺书

1912 年 10 月 18 日

　　各书并悉。吾决二十入京，项城初预备军警公所为行馆，因吾偶与人言，曾文正[1]、李文忠[2]入京皆住贤良寺，彼饬人铺设贤良寺，顷已备矣。此公之联络人，真无所不用其极也。日来最困之问题，则国民党日日使人来招邀强聒不已，（大学总长亦是一难题，吾颇乐此，然国人不许我也。）彼盖深忌吾两党之合并也。大约入京后，不惟此两党开欢迎大会，即彼党亦有，然对付之法，煞费商量也。现都中各报记事（论说时评）皆以吾为题目，闻（擎一来述）上海各报亦然。黎宋卿[3]今日有长电至（各报所登皆节省，因中多言党事也），大约鄂行总不能免，乘此一漫游全国，亦未可知，但出报则恐不得不愆时日矣。吾牙痛已愈，惟应酬太繁，饮食无节，终虑作病耳。

　　示娴儿。

饮冰　十八

　　思忠笔当赏之，可先告彼。

---

① 曾文正：即曾国藩。晚清重臣，湘军的创立者和统帅者。
② 李文忠：即李鸿章。
③ 黎宋卿：即黎元洪，字宋卿。

致梁思顺书

1912 年 10 月 24 日

到京四日矣。应酬之苦，殆绝非言语所能形容，若常常如此，真不复知有生之乐矣。各种情形，报中略载一二，已由汝两叔汇寄，想既收到。都人士之欢迎，几于举国若狂，每日所赴集会，平均三处，来访之客，平均每日百人。吾除总统处，概不先施，国务员自赵总理①以下至各总长，旧官吏如徐世昌②、陆征祥③、孙宝琦④、沈秉堃⑤之流，皆已至，吾亦只能以二十分钟谈话为约，自余则五分钟，自余则旅见而已。得罪人（架子似乎太大）甚多，然亦无法也。每日必有演说，内中以报界欢迎会、民主党欢迎会、共和党欢迎会三处为最长，想在报中次第见之。此三次演说，其势力之伟大，未可量也，然演说时亦颇劳苦矣（民主党演说至三时之久，喉几为哑）。尚有直隶公民会、广东公会、北京商会、军警俱乐部，皆须排日欢迎，欲稍过此即逃避出京，不然精神支持不及也。广东公会过半数皆同盟派，前曾削籍，今乃欢迎，亦大异事。此次最奇者，同盟派各报馆噤若寒蝉，中有一二且致赞美之辞，国民心理之趋势，可窥一斑。两党合并成立后，势未可限也。要之，此行为国中温和派吐尽一年来之宿气矣。初时总统府为我预备行馆，吾

---

① 赵总理：即赵秉钧。河南汝州人，清末民初著名政治人物。在袁世凯担任中华民国大总统期间，被提拔重用为第三任国务总理。

② 徐世昌：天津人，早年结识袁世凯，为袁世凯的谋士，并为盟友，互为同道。曾任军机大臣。

③ 陆征祥：上海人，曾任清政府驻荷兰公使、驻俄公使 "一战"结束后，曾代表中华民国率代表团赴法国参加巴黎和会。

④ 孙宝琦：浙江杭州人，1911 年任山东巡抚，1913 年后，历任外交总长、审计院院长、财务总长等职。

⑤ 沈秉堃：湖南长沙人。1910 年为广西巡抚，武昌起义后宣布独立，被推为广西都督。后任南京留守府高等顾问。

两党同志谓以个人资格受社会欢迎，不宜受政府特别招待，以授人口实，故别借一宅，以作寓所。吾十年来，颇思念北京房子，谓为安适，今乃大觉不便，汝二叔更大攻击，吾初亦有迁居北京之意，今不复作此想矣。非惟房屋不佳，即应酬亦不了也。总统处密谈一次，赴宴一次，仍虚与委蛇而已。吾虽极忙，然居然已一逛琉璃厂，（其中一书贾呼吾为老叔，言吾前此常向其父买书云，可笑之至，彼亦在店中盛设欢迎，陈列无数宋本书，请观，迫得我亦随意买一二闲书，亦费百数十矣。）已为汝购得《东坡集》《韩柳合集》，汝现在方治他学，暂不寄，何如？百忙中，抽写数纸，可持慰重堂。余续闻。

示娴儿。

饮冰　廿四日

电款千二百收否？续来二书已收。

致梁思顺书

1912 年 10 月 29 日

　　由佛丈①交来书，已悉。日来所受欢迎，视孙、黄②过数倍，（彼等所受欢迎会不过五六处，吾到后已十余处相迎矣。吾之演说，本非甚佳，而都人以为得未曾有。昨夕总统府开欢迎会，国务员全体作陪。）且其人皆出于诚意，（自赵秉钧、陆征祥以下皆是先来谒见，吾除项城外，惟先拜刚甫耳。各都督来电欢迎者已有十省。）听演说后无不欢迎鼓舞。尤奇者为明日之会，上午九点至十一点，则佛教会也，一点至四点，则国民党也，（国民党见各党皆欢迎，彼虽恨极，亦不能不相敷衍，同人恐其乱暴，皆阻勿往，然吾决然行，不能示人以怯也。）五点至六点即直隶公民会也，明日旗人欢迎。晚六点则山西票庄也，（老西向不请人，都人咸以为奇闻。彼见我穿华装起敬云，可笑。）本定今日出京，然各处欢迎纷纷不绝，竟至初一乃能行，（究竟不识能行否？）实则亦断断不能不行，若再留十日，亦必每日不断赴会耳，（必闹到各学堂皆开会而后已，大学学生频来请，已谢之未知能谢否也。）日日自晨九时至晚十二时，未尝停口，铁石人亦受不住，故非逃遁不可矣。返津后闭户十日，将第一期报出版后，乃作鄂行，大抵鄂行决不能已耳。我住都数日，又觉都中屋好住，将来或仍迁入都未定。沪中连日来数次密电，言某党确派多人来图我，属严防（汝两叔常侍左右防范极严），亦只得听之。吾常自信敌人之不能害我也。昨日又到琉璃厂一次，购得文具多种，赏汝曹，待到津后托人带上。祖父大人心绪佳，吾滋慰。吾虽终日劳顿，而精神愈旺，亦一奇也。汝母暂不必来，若迁入都，（若以天津屋租，

_____

　　① 佛丈：即徐佛苏，湖南长沙人，曾与刘揆一、黄兴谋革命，失败后逃往日本，与梁启超交往密切。

　　② 孙、黄：孙中山和黄兴，他俩是我国民主革命的伟大先驱，经常并称。

在京租屋，可得园林院落极胜之地。）须请汝母来布置矣。匆匆写数纸，俾汝得呈祖父奉慰一切。

　　示娴儿。

饮冰　廿九日

致梁思顺书

1912 年 11 月 1 日

　　今日居然返天津矣。在京十二日，可谓极人生之至快，亦可谓极人生之至苦，今拉杂为汝告，可据禀重堂。大概情形，各报俱载，汝叔闻已按日寄返，想已见。一言蔽之，即日本报所谓人气集于一身者，诚不诬也。盖上自总统府、国务院诸人，趋跄惟恐不及，下则全社会，举国若狂。此十二日间，吾一身实为北京之中心，各人皆环绕吾旁，如众星之拱北辰，其尤为快意者，即旧日之立宪党也。旧立宪党皆以自己主张失败，嗒然气尽，吾在报界欢迎会演说一次，各人勇气百倍，旬日以来，反对党屏息，而共和、民主两党，人人有哀鸣思战斗之意矣。国民党经此刺激，手忙脚乱，其中大部分人皆欲来交欢，其小部分则仍肆攻击，党中全无统一，狼狈之态尽露。彼党不开欢迎会，则恐为人所笑，开会则有一部分暴乱分子，更恐闹笑话，卒至会议数日，决意欢迎，而相约不许有暴动。彼党欢迎之日，吾党人多忧虑，劝勿往，吾则决然往，实则彼之主席（孙毓筠主席，其人乃老同盟会，前任安徽都督者也。）述欢迎词，亦极诚恳，吾一场演说，更令彼人人感动。其后胡瑛继起演说，语亦极挚，此真出意外也。吾在京旬日，无一日不演说，吾素不善演说，然在中国内，人人几以为闻所未闻，咸推我为雄辩家，中国人程度亦太可怜矣。吾每演说一次，则增一次效力，吾党之热心，达于沸度矣。此次欢迎，视孙、黄来京时过之十倍，各界欢迎皆出于心悦诚服，夏穗卿[①]丈引《左传》言，谓国人望君如望慈父母焉。盖实情也。孙、黄来时，每演说皆被人嘲笑，（此来最合时，孙、黄到后，极惹人厌，吾乃一扫其秽气。）吾则每演说令人感动，其欢迎会之多，亦远非孙、黄所及。在京

---

　　① 夏穗卿：即夏曾佑，字遂卿，号碎佛，笔名别士。光绪进士，授礼部主事。民国时，任教育部社会教育司司长。后调任京师图书馆馆长。

十二日，而赴会至十九次之多，民主、共和党各两次，（一次演说会，一次午餐会。）统一党、国民党各一次，其他则同学会、同乡会、直隶公民会、八旗会、报界、大学校工（国学会政治研究会）、商会，尤奇者则佛教会及山西票庄、北京商会等，吾既定本日出京，前日则各团争时刻，以至一日四度演说，若再淹留，则不知何日始了也。昨日吾自开一茶会于湖广会馆，答谢各团，此会无以名之，只得名之曰"李鸿章杂碎"而已，政界在焉，报界在焉，各党在焉，军人在焉，警界在焉，商界各行代表在焉，蒙古王公在焉，乃至和尚亦到十余人。（内中有一和尚，汝叔谓为酷似鲁智深，吾不知汝叔几时曾见智深也。）杂沓不可名状，可谓自有北京以来，未有之奇观矣。每夜非两点钟客不散，每晨七点钟客已麇集，在被窝中强拉起来，循例应酬，转瞬又不能记其名姓，不知得罪几许人矣。吾演说最长者，为民主党席上，凡历三时，其他亦一二时，每日谈话总在一万句以上，然以此之故，肺气大张，体力愈健。又每日坐车总有数时，车中摇动，如习体操，故胃病若失。可惜者，每日不得饱食（治胃病甚好），盖各团皆请食西菜，日日望得食一京菜，而不可得也。最舒服者，来往皆坐专车，吾国火车本优于日本，专车则有客室，有睡房，此后来往京津间，皆坐专车，此亦各国所未有，而在共和国尤为笑话，亦只得安享之而已。有一大问题极难解决者，则为洗澡，到京后未尝得一浴也。（汝叔居然偷浴一次，然彼每日必浴，今十日仅得一浴耳。）至今返津，仍无从解决。到京十日，稍添衣服买器物，已费去五六百金，各种食用车马费在外，盖皆由别人供应也。各省都督纷纷电迎，黎宋卿派人来迎，不日将到，然吾必稍安息乃行也。吾逛琉璃厂已两次矣，买得许多古玩（一、二日内托船主带返），赏诸孩并赏家中诸叔及诸姑，惟无一物赏汝者，赏汝一部苏集，然仍拟留在此间，汝若气不分，则迟日寄汝亦得。项城月馈三千元，已受之，一则以安反侧，免彼猜忌，二则费用亦实浩繁，非此不给也。东中尚存款几何，暂足支家用否，吾当按月寄五六百来，祖父大人若欲归粤，则当别寄千金来，粤中家事大约非祖父一归整顿不可，汝四叔不知闹到若何田地矣。汝母可暂勿来，吾行踪无定，大约到鄂后，当须历游东南各省，盖各省人士，皆望我如望岁也。此间家事已可渐就整理，汝叔已渐惯矣。（家中壮士及仆役几二十人，日间当稍裁汰。）

吾极喜欢北京房子，汝叔始终攻击，谓一返天津，如登天堂，吾不谓然。然吾实不能居京，居京则卖身于宾客而已。吾从今日起，拟谢客十日，未知能否。然所欠文字债，已如山积，亦非能安逸也。吾相片即印一百张寄来，《商报》旧码、美洲密电码即寄来。两党合并必成，各报言难成者，消敌党之忌耳。党成后项城许助我二十万，然吾计非五十万不办，他日再与交涉也。欲言甚多，今已倦极，不复书。

示娴儿。

饮冰　十一月初一晚

致梁思顺书
1912 年 11 月 3 日

　　在都旧客所苦出津谓可免，乃安息仅半日。而客之跟踪追剿而至者，已络绎不绝，人人皆欲我割出数点钟之光阴以与接谭，彼曾不谅我所居何地也。厌倦之极，辄为汝一言之，汝来禀问何故不受政府招待，此因吾党人前曾痛诋某某以私人资格滥用国民资财作供张，故此次决然谢绝，免使人反唇相稽耳，然吾在都浃旬一切饭食车马费，仍不知谁所出也。

　　示娴儿。

饮冰　三日

　　汝离我一月已渐惯不？不至缘念我妨学耶？思成体复何似？吾集陶句正制笺，此间乃无有，可印数百寄来。新造像亦印数十通。今年狐裘价甚廉，欲为祖父置一袭，且为汝置之，汝母须此否？可即开尺寸来。此月家用能给否？投机业断之为妙。可告汝母。

　　娴儿读。

饮冰　十一月三日

致梁思顺书

1912 年 11 月 4 日

　　数日不得汝书，想船期不合耶？今日杂客较少，秩序渐可望回复。吾居然读书数十叶矣，津居较适于京居也。汝母可暂勿来，此间事分派略定，吾亦得一二伶俐跟人，颇能了我身边事，故亦暂无所苦。阿发拟令其司庖，因汝叔等不放心外人也。津村先生已归否？汝所学渐有味否？商报旧电码可速寄来。

　　示娴儿。

饮冰　四日

　　鼎父事未得当可必得，但少迟耳。荐希哲当大学教授亦未定。
　　中国银碌不佳，不如日本，有便可购数锭寄来。

致梁思顺书
1912 年 11 月 7—8 日

吾前所著国文语原解可寄一二部来。寄四十元往书林托其购《人境庐集》二十部寄来。

都中各报已寄至家否？吾已命之，但吾出京后各报记吾事者当渐少矣。中国国事亦无甚可记者。

家用何如？阅报知米价甚腾，不审尚投机否？果尔所损多矣。可告汝母勿再从事也。

七日

日来一事最快适，则饱餐馒头烙饼及小米粥也。荷丈自归国后，未尝食过一顿饭，闻之得无惊否？

七日午饭后

顷已发告白，定期会客，而客之踵至如故，且皆在京，远来不见则怨望，吾未如之何矣。居东十年，养成山野之性，入此烦浊界，为之头痛。

托文卿带上墨四锭，内两锭松烟，两锭油烟也，尚非劣品，以油烟与松烟合磨甚佳。

七日

捡所刻文具漏却汝华姑一份，华姑年长与汝同，可缓给也，他日再补之。

七日晚

转念汝，梦想苏集已久，竟以畀汝。汝得此大赉，可以雄视诸弟妹矣。示娴儿。

饮冰　八日

致梁思顺书

1912 年 11 月 9—10 日

昨日文卿带去各物有象箸银匙银碟及绒帽棉鞋皆呈重堂者也。不知适老人意否？可以告我。

苏集吾实欲留读，吾此间竟无一本国书，欲购则价太重也。以汝太向隅故，以畀汝耳。吾尚得仿宋本四书一部（王文敏公旧藏本）。吾留以自养矣。思成学课归汝监督试验，若至明年二月汝出报告谓其有进益者，吾则于其生日时以此赉之。文玩中有未刻字者，可分些与思静，不然彼太向隅矣。

九日午

今日武昌复有电来询行期，然吾现时乃断不能行，吾报中文十未及一也，究竟不知能否有作文之时日？奈何，奈何。

津村已归否？汝学课有无间断，观汝来书似各教授未能按日来，何耶？

祖父思南归否？若需款可电告筹寄，留债尚负几何耶？

示娴儿。

饮冰 十日晚

吾照此体例每日有暇，辄写数行，汝亦可用此法。

　　可托书林向黄幼达购《人境庐诗》二十部（寄四十元往）。即托大信丸船主带来最妙，若赶不及，付邮亦可。

　　日来颇有意欲令思成往青岛留学，汝叔主持尤力，其实吾十二岁即离父母独学于省城，明年思成十四矣，有何不可？可与汝母一商，若彼体质平复后，即可作此预备也。住家在青岛亦甚好，但终觉不甚便耳，彼处离此间只一日车路，思成在彼，吾及汝母与汝亦可常往视之也。

　　汝学课究能受益否？教习有缺课否？暂不移家专为汝耳。苟非尔者，诚不如移归之为便也。

　　荷丈及汝叔辈常有行乐之地，我则私权尽被剥夺，可愤之至。荷丈谓我为三个字所累，实则仅一个字耳，汝叔与我同了两个字，不为累也。荷丈又谓有坐专车之权者，即无任意游乐之权矣，一笑。

　　现在家务已大整顿，吾得二书童颇好，足无甚不便。

　　示娴儿。

十二日　饮冰

致梁思顺书

1912 年 11 月 13 日

　　七日书悉，汝学居然有味，吾甚慰也。（吾书房陈设极美丽，恨不得汝来一观也。）法学一面教授何如？来禀可言及。吾演说稿已汇印，数日后便印成。盖共和党印以送人也。报定名《庸言》，十二月初一出版，顷正欲备文字耳。暗杀队无妨，此间守卫亦极严密，王同郑福未觅得，然此间所用人皆有来历，可信也。（在都时上海同人四电催出京，吾尚赴国民党欢迎会也，所派来暗杀之人之姓名皆知矣，警道日使人尾其后。）厨房今由发记管之，鄂行当俟来月。希哲国文汝叔已教之，顷柳隅复为任此也。鼎父觅事甚难，今仍使当校对，日内须入京，住藻孙处也。（印刷所在京。）
　　示娴儿。

　　　　　　　　　　　　　　　　　　　　　　饮冰　十三日

致梁思顺书

1912 年 11 月 20 日

　　数日来为俄蒙问题吾直忙杀，又加以报须出版，每夜率皆两点钟后乃赶作文字，而鄂行又不容缓，故赶文更急，数日不作家书为此也。近日连接书至，第七号甚慰，甚慰。汝听学日入实际可喜，问题答案大略无误，吾尚未暇细阅也。思成字极有笔意，再经一年数月可以为我代笔矣。

　　祖父归心可少缓否？约月底乃能汇款来也。游存处不可太伤感情，吾所以自处者不欲受人指摘也。吾本月必须赴鄂，或不到沪而经返都亦未可知。

　　示娴儿。

饮冰　二十日

致梁思顺书

1912 年 11 月 22 日

　　托琼笙为汝做衣服，彼做来之材料、颜色皆不合我意。今姑寄上明年改做可也，我因气彼不过，另在津购漳缎料两件（吾本令其用漳缎），及配色花边可在神户缝之。吾一礼拜内当赴鄂一往即返，不复沿江而下也。明春更游曲阜、泰山，彼时或唤汝侍游耳。

　　示娴儿。

饮冰　廿二夕

致梁思顺书

1912 年 11 月 23 日

　　第九号书悉。如此写信以代日记甚好。昨电汇二千元想达，内五百元留作家用，千五百元备祖父大人南归之用，可存在银行，勿扯散。（即万不得已，只许扯用五百元，其千元必须紧留。）本年不复寄钱来东矣。并前所寄想亦足用也。汝所学皆能领会，至为欣慰，似此则留学此一年，想有益也。笺纸一二日内当购寄，以文具送年礼甚好，惟现已无船，小包邮便不太贵耶？容后商可也，哈克图火锅竟未买得，今年总吃不着矣。

廿三夕

致梁思顺书

1912 年 11 月 24 日

　　黎宋卿已派人来接，吾将报中第三号文字作就，即往欲小住，即返津，暂不往宁沪，不知能否？（去时须入京住两三日。）今为报困，出游殊不自由，大约将来总须时时南下，时时北归，好在交通机关尚便也。（若得吾往鄂电报后，有信可寄武昌共和党支部转交吾，在鄂最多不过十日，信可勿多寄也。）

　　思成往青岛彼自愿否？吾观汝如此长大，尚像吃奶孩子一般离不开爹妈，彼乃能耶？若往不必多预备，但利用此时日多用力于国文可耳，他日有便当更调查详细也。

廿四日

致梁思顺书

1912 年 12 月 1 日

　　顷《庸言》①第二号文已全部脱稿，宾客亦皆散，故作此书商量家事，可呈祖父及汝母商之。（方写至此，忽又有一帮政客来，以下乃隔三点钟后所写也。）观现在情形，吾在京津间当常住十年以内，未必归粤，即归亦暂住数日即行耳。此并非粤中治乱何如也，吾之一身渐为全国政治之中心点，故不能不常居于政治中心点之地。而祖父年高，非迎养在此，则一日不能即安，惟必须细婆②及家中诸幼，幼姑幼叔随侍而来，另宅而居，始有办法。今详言其故，吾之欲迎养为承欢也。必祖父常能欢愉，然后兹愿始遂。然若使祖父独来，一则常悬念乡中诸幼，心常不适，然此犹小焉者也；二则在此间极寂寞，必至生闷，何以故？吾今极忙，情形不必多言，汝当可想而知，即以现在在津而每日见客、写信、作文无一刻暇，每夜必至三四点钟，诸事不能办了。现在尚未入党，尚未当国，犹且如是，转瞬旬日后，则党事遂加吾肩，明年正式国会成立时，苟吾党占多数，欲不组织内阁而不可得，试思其时时忙，视今日更加几倍者。吾现时最忧者此事若能免此，则如释重负矣，然安可能者？故吾决无能日日陪侍祖父闲谈之余暇，此外各人皆有常职，如汝二叔现在为我身边刻不可离之人，每日代我会客、办事、出纳金钱、管理寓中诸务，亦无一刻暇。然现时或有事须命彼往沪，果而则吾目前已大不得了。汝德猷叔在发行所（旭街十七号，离此不远）一身兼数人之役，其忙碌亦正相类，汝姑丈来时大抵须住京中印刷局，不能朝夕过从，诸人各干各事，祖父到来终日少人陪侍，必生恼怒，祖父一恼怒，则吾踌躇

---

　　① 《庸言》：民国元年，由梁启超在天津主办的刊物，第一卷为半月刊，1914 年改为月刊，同年 6 月停刊，共出两卷 30 期。

　　② 细婆：梁启超的继母。

无所容，必至百事俱废，即当未恼怒时，吾时时刻刻惧恼怒之发生，精神无片刻能安，亦必至一事不能以办而已。然吾今日之地位非同旧时，欲不办事天下人安能许？我既已投身办事，以今日中国事之难办，处处若衣败絮行荆棘，身入其中即无日不与苦恼为缘，即归国以来仅一月耳，所遇可忧可恼之事已不知凡几，他日什伯于此又可想而知，就令家庭中一无拂戾而精神已苦不支，若家事更益以困难，则人非木石，岂能堪此？而祖父独来居此，不能不生恼怒，此吾所敢断言也。又祖父独来就吾而居有种种不便处，吾此间宾客杂遝出入无时，吾待之皆有分寸，然吾深知祖父之意，常欲吾所交之友皆一一晋见，一修子弟礼而于有名有位之人为尤甚，然吾所处地位万不能凡一客来，皆告之曰："吾有老亲在此，汝其一见也。"又此间日日几皆有客共饭，饭时常常纵谭无数事，若有老人在座，则客皆拘束不便，且饭时若吾专应酬客耶，偶一为之固无所不可，日日如此（实则几于日日宴客）老人又安得不怒，且客又岂能安者？不应酬客耶，吾地位又安能？若日日使老人独饭更成何事体，故我必欲侍祖父同居于一地，而又必须异室而居。吾惟间日或数日往朝见而已。若此地有大屋分数院落可住多人，尚容易商量，然此间洋式房屋实无此类，以现在所住荣街之屋，月租百三十元，仅有可住之房四间耳，将来汝母挈汝等归己万不能与我同居，若汝等侍祖父住一屋，汝等又非能十分承欢，且祖父老矣，身边无人伺候终觉不便，偶有小恙则不便益加。吾既不能常侍，必易招恼怒，一恼怒吾亦卒无以自容耳，且诸姑诸叔年已长大，更安能听其在乡废学，使之出外受教育，又吾之责也。故吾欲请细婆挈汝华姑雄叔以下来津，另赁一屋而居。祖父即住其间，如此则共计此间所赁屋三处，吾常住办事处，荷丈及汝二叔同居焉。汝母所住处吾留室，设一书案一卧榻以备偶归，祖父所住处则细婆率诸姑叔侍焉。吾惟常往朝，若无客时则往侍饭。该处用一厨子、两三仆役，家务若有为细婆所不能料理者，则汝两叔常往检点，不患不便也。祖父每日在寓时，则随意教诸汝姑叔，高兴出门则或来我处，或到汝母所住处抚弄诸孙，或到汝德叔处闲坐（报馆发行所也）。食饭，则随便，任在何处皆可。似此，则祖父不至因闷而生恼，而吾亦惟享家庭之乐，更无家庭之苦，可以专用精神以办事矣。如此，并可请任儒先生来教汝诸姑叔，既令此老得以自赡亦可陪祖父清宴也。

三姑婆孑然一身，亦并可迎来。惟有一事当订明者，则汝诸婶及汝叔不能来也（汝二叔欲汝二婶来，则又当别论）。五叔来五婶不来则可。未婚娶之诸姑叔，他日各事吾当全负责任。其已授室而居者则应在乡常居。汝五叔既成废疾则汝五婶更宜使之独立料理家事，庶他日尚能自教其儿女。若出来则全然倚赖，他日更不了耳。至于汝四叔则吾真不敢与之亲近，彼一来必使我身败名裂而已。此吾所拟大略办法也，要之，吾既不能返乡居，若祖父不来，则祖父既日念我，我亦日念祖父，此何可久者？若祖父独来与我同居，则祖父既不安，我亦不安（即汝等随侍祖父而来仍不免此病），此又两失之道也。故非细婆及诸姑叔侍来不可也。为祖父计无甚难处，来此后虽不免悬挂乡间诸叔婶，然既有数子各居异地，例如昔时有数子分途，服官于数省，亦只能就养其一，而暂置其他，此无如何也。惟细婆舍不得五叔、婶，且安土重迁亦情之常然，祖父无论住何处细婆固应有追随服侍之义务。此则吾能以大义相责者也。且人生一世，安可不游他方，一开眼界，今若侍祖父来则养尊处优，真如别有天地，为细婆计亦何乐而不为，此若祖父以此谕细婆当必从命也。且诸幼辈不来就学，他日又成废人，如何是了？所若祖父决意如此办法，则请年内或开春回粤，一部署家事将诸婶析爨，毋使受汝四叔鱼肉其诸婶，若有不给，吾仍可接济之。祖父及细婆行后，家事益散漫自无待言，然亦得暂时不顾，充其量则公产为汝四叔盗卖尽耳。谅彼亦未必敢未必能，即令如此吾亦能照数赔出，吾此间现时一月所用，殆已买得起家中全产矣，（连报馆一切开销每月约四千五百也，然汝二叔除寄神户家用外，尚欲为我每月储留二千，大约尚能办到。）祖父何必断断顾虑，而祖父老矣，惟当就养此间屏除杂念，含饴弄幼，若诸子已有室家者，听其自养，不宜复以此劳慈虑也。至若细婆不侍而祖父独来，吾虽不敢必谓不可，然以理论之，细婆必宜来分我之劳（奉侍承欢本我全责，然我所处地位非细婆分劳不可。）以势论之恐必有不便之处。致祖父不欢而我尤万分狼狈，甚则着急生病轻亦废时堕誉，故吾再四思维，惟有出于此一法也。此事可详禀重堂，婉劝决定。吾一切揭开，直言毫无所隐，谅祖父必不嗔责，如有嗔责则汝为我引愆求恕可也。（吾百忙中作此长函实不易。）

汝所学精进，吾甚喜慰。货币问题，答案十条，条条无误（汝师谓何如?），从此加勉，他日必能传吾学；且能助吾，不让汝叔矣。吾实欲汝毕此一年之业，但汝不能离汝母，而汝母久不归，吾甚不便。万一汝叔有事他往，则吾更不得了，吾今已甚忧此矣。故欲将汝学科缩为半年，至明年阳历三月杪则全眷归国。缩之之法，其一则请津村将经济学讲义稍加省略或添时间；其二则讲法学通论时将民、刑、商等法删去，而惟讲宪法、行政法大意，此两法吾必欲汝稍得门径也。得门径则可以自修矣。可以此意商津村，吾日间亦当专函与彼商也。思成若往青岛，亦当在七月前往，终不能待汝一年也。彼或迟一年往亦无不可，尚谓查确。此着若定则加纳町之屋，不妨与中村预商或可通融办理，此事可禀汝母商行。

鄂行或稍缓，顷屡接多处警报，群小日谋相害，派暗杀队无算，彼辈所忌者惟我与项城，此亦无怪其然，吾向不信彼辈之能奈我何，然多人苦劝，亦只得勉徇众意，大抵终须一行，惟时日未定耳。

汝劬学宜得赏，吾有极精美之文房品赏汝，但恐未必有便人耳，思成学进，亦更有赏也。

示娴儿。

饮冰　十二月初一

致梁思顺书

1912 年 12 月 2 日

　　前日寄一长书，部署家事，想已达。今因刘子楷东渡，托带各物。计影宋本韩集一箱，镶珠金镯一对，金领扣一枚，皆赏汝者。镀金银镯二双，衣料二袭，赏思庄、思静（衣料足够做衣裤各两套，欲购物赏思成等三人竟不可得）。又送教习年礼诸物品共一包（每人笔一盒、墨盒一枚、镇纸二枚）可点收。余续闻。

　　示娴儿。

　　　　　　　　　　　　　　　　　　　　　　　　十二月二日

　　收到后即复一书，因金器价颇不菲也。

　　棉烟犯禁忌不便托人带。

致梁思顺书

1912 年 12 月 3 日

　　别有影宋本四书一部，赏与思成。此书至可宝，可告之。又衣料一件给汝，偶见其花色雅驯，故购之。又核桃、虾油、小菜等物，缘子楷行李少，故用一网篮装之，即添购以富此篮也。

初三夕

致梁思顺书
1912 年 12 月 5 日

十二、十三号禀皆收。

祖父南归一行，自非得已。然乡居如何可久，且亦令吾常悬悬。望仍以吾前书之意，力请明春北来为要。前托刘子楷带各物，本有虾油、辣椒两篓，（津中尤物也，北京无之。）后子楷言放在车中恐有气味为人所不喜，故已抽出矣。（又小说两部呈祖父消闲）其中有摹本缎两段，乃赏汝两妹者，人各一套，（问思庄何故写信与二叔而不与我，岂至今尚未得闲耶？）其外国缎一段则赏汝者也。汝三人将所赏衣服穿起照一相寄我。金器两件赏汝，汝两妹亦各一件，此次汝姊妹所得独多，汝诸弟想气不分矣。然思成所得《四书》乃最贵之品也。可令其熟诵，明年侍我时，必须能背诵，始不辜此大赉也。吾游曲阜可令山东都督办差，张勋①派兵护卫，吾亦极思挈汝行，（若国内一年内无乱事，吾又一年内可以不组织内阁，则极思挈汝遍游各省。）俾汝一瞻圣迹，但又不欲汝辍学耳。津村先生肯则诲汝中央银行制度大善大善，惟吾必欲汝稍学宪法行政法，知其大意（宪法所讲比较尤妙），经济学亦必须毕业，而各课皆须于三月前完了。试以商津村何如？经济学吾曾为汝讲生产论，故此可稍略，交通论中之银行货币既有专课尤可略，然则亦易了也。荷丈月入已八百，尚有数部，力邀彼往，其职约当前清之二品京堂。若皆应之则千余金可得。但今者报馆缺彼不可，印刷局在京非彼莫办也。而鼎父至今无着落，汝诸表兄日日来嬲我求差事，小四小八皆不自量，指缺硬索已四五次矣。吾亦无能为助甚矣，人

---

① 张勋：字绍轩，江西奉新人。北洋军阀，行伍出身。武昌起义后，为表示忠清室，所部禁剪辫子，被指为"辫子军"。1917年率兵入京，于7月1日与康有为宣布复辟，12月被皖系军阀段祺瑞所击败，逃入荷兰驻华公使馆。后病死天津。

贵自立也。

示娴儿。

饮冰　十二月五日

韩集本欲留读，因濒行曾许汝，故复以赉汝。吾又得一明刻本《李杜全集》，字大寸许极可爱，姑以告汝，却不许撒娇来索。思成若解文学则吾他日赏之。

致梁思顺书

1912 年 12 月 16 日

　　十四、十五号禀均收。吾前为汝计学科，竟忘却财政学，可笑之至。且
法学一面亦诚不欲太简略（国际法实须一学），似此非再延数月不可，每来
复十四小时大不可，吾决不许汝如此。来复日必须休息，且须多游戏运动。
（可与诸师商，每来复最多勿过十时。因自修尚费多时也，可述吾意告之，
必须听言，切勿着急。）从前在大同学校以功课多致病，吾至今犹以为戚。
万不容再蹈覆辙，吾在此已习安，绝无不便。汝叔沪行亦未定（此事须俟
荷丈一到沪乃定），即行后吾亦能自了，得汝成学，吾愿大慰，诸师既如此
相厚，尤不可负。且归后决无从得此良师。今但当以汝卒业为度，不必计。
此间请商诸师，若能缩短数月固佳，否则径如前议至明年九月亦无不可，一
言蔽之，则归期以诸师之意定之。汝必须顺承我意，若固欲速以致病是大不
孝也。汝须知汝乃吾之命根。吾断不许汝病也。前已合寄四千谓凤遍可耳，
何尚需尔许耶？此间已无存（有万金存定期不能取出），本月收入须月杪乃
到手，明日只得设法向人挪借，若得当电汇以救急耳。子楷带去各物已收
否？祖父想已旋南耶。

　　示娴儿。

十六夕

致梁思顺书

1912 年 12 月 18 日

　　第十六号禀悉，款三千顷往银行借取，明后日当电汇，想先此书达矣。顷见报知米复大落，不知汝母稍有所获否？此后波澜必仍甚多，然切勿见猎心喜，吾家殆终不能享无汗之金钱也。《庸言报》第一号印一万份，顷已罄，而续定者尚数千，大约明年二三月间，可望至二万份，果尔则家计粗足自给矣。（火车站零卖每册卖五六角，熊秉丈即出六角购一本，到家中硬向我索回三角，谓要赔偿损害，吾将予之兴讼。）若至二万份，年亦仅余五六万金耳，一万份则仅不亏本，盖开销总在五万金内外也。惟此五万金中我与汝叔薪水居四分之一有奇耳。吾初到时殆一无费用，近则已作地主，酒食之费颇繁，吴厨之菜太不能出台，有客来率皆往外叫菜，其他借贷亦不少，大约每月自费亦数百也。自正月起月寄家八百便是，告汝母勿忧。

　　日来频见魏铁丈大快，彼言将用册页写《圣教序》一本赠汝也。（彼近年专写张猛龙《圣教序》，郑文公欲合三者自成一家，正与我同。吾爱女之名举国皆知，故交相见者，无不问汝，却无人问思成以下。）铁丈见思成之字大激赏，谓再一二年可以跨灶，思成勉之。崇雨铃之《圣教序》原本吾已见之爱不忍释，使非为米所累，此物必归吾家矣。即擎一携来之玻璃影印本之原本也。祖父生日合家所照相，即寄一分来，吾久欲见此，屡次书皆忘写及耳。

　　汝求学总不必太急，每来复十四小时总嫌太多，多留两三月，绝不关紧要，吾今甚安习，全眷来反嫌吵闹也。

　　汝母所索物吾尚能供（本月却真不能），但不识有此物否耳，且今亦无从寄往，汝母待归来自置何如？王姑娘①之镯开河第一次船便可得，可先告

---

　　① 王姑娘：王桂荃，四川广元人，梁启超的第二夫人，曾作为梁启超第一任夫人李蕙仙的陪嫁丫鬟来到了梁启超的身边。1903 年与梁启超成婚，为梁生育了六个子女，即梁思永、梁思忠、梁思达、梁思懿、梁思宁、梁思礼。

彼。（实则并未冰河，一月来甚暖，不如初至时之寒也。）

祖父归乡后，汝与思成每十日必须寄一安禀往，吾书亦当择寄去。（吾题汝日记书共有若干字，可检来当为汝再写一通，又吾诗副本可检寄。）连日为客所困，惫甚。第三号文尚未脱稿也。

示娴儿。

饮冰　十二月十八

致梁思顺书

1912 年 12 月 20 日

　　得书知添一幼弟，甚喜慰，想母子平安耶？祖父命以何名，想有书在途矣。大版《通鉴》不须汝索，已嘱擎一购寄，非久或将寄至矣。王姑娘赏品必给之，但无便人，恐难寄耳。汝母耳珰，则俟归来自置何如。读报见米价落，疑必小有所获，但兹事总极险，终以戒断为善，可仍常谏汝母也。吾昨夕因得须磨书，烦躁异常，又见国事不可收拾，种种可愤可恨之事，日接于耳目，肠如涫汤，不能自制，（昨夕大雪，荷丈与汝叔皆外出游乐，吾独处不适，狂饮自遣，今宿酒未解，得汝书极慰耳。）因思若吾爱女在侧，当能令我忘他事，故念汝不能去怀，（昨夕酒后作一短简，今晨视之乃连呼汝名耳，可笑之至，今不复寄，以乱汝意，吾须欲汝侍我，然欲汝成学之心尤切也。）几欲东渡月余，谢绝一切，以自苏息也，大抵居此五浊恶世，惟有雍乐之家庭，庶少得退步耳。吾实厌此社会，吾常念居东之乐也。汝求学不可太急，勿贻吾忧。

　　示娴儿。

饮冰　二十日

前书索全家相片，想已寄出，汝近顷照相否，吾极欲见汝近影。
乡书仍寄艺新否？一禀可加封寄。

致梁思顺书

1912 年 12 月 22 日

　　擎一寄去正续《资治通鉴》已收否？闻版本颇佳然耶，近日购书真不易，吾以无义山集，姑购一部已费十四两（二十元余，欲买一《荆公集》奈价百两，今尚未买也。）吾家所有书今乃知其值钱，大约纳海寄尘，所藏已不下数千金矣。汝病已愈否，何故久无书来？吾以得汝书为惟一乐事也。连日秉三[①]、君劢[②]、刚甫在此，马先生亦至，尚有杂客，终日扰扰，无隙暇，文章则一字作不出，焦灼万状。项城日运动我入京住，彼亦急极欲与我相依为命。（敌党阴谋至多。数月后，有极热闹戏看。）我则不甚欲与彼共命也。吾十日来胃病复发，顷正饮药。宅前即公园，而吾归数月至今足迹未履园域，不生胃病无天理矣。汇款九百已收否？

　　　　　　　　　　　　　　　　　　　　饮冰　二十二夕

――――――――――

① 秉三：即熊希龄，字秉三。

② 君劢：即张君劢，原名嘉森，字士林，号立斋，上海宝山人，早年留学日本、德国，学习政治经济与哲学。回国后，推崇唯心主义哲学，被称为"玄学鬼"，与梁启超交往甚密。

致梁思顺书

1912 年 12 月 23 日

　　吾一昨因心中偶尔焦烦，念汝不置，故作书告汝，其后甚悔之，想累汝数日不宁贴矣。吾体至壮，安得有病。吾顷甚适，前日小病，不过受煤而已，散步公园即已无事（对门即园，此次散步乃第一次也）。汝不许常常念我太过，以纷向学之心。求学亦不许太急，每来复不可过十时。汝叔行无期或且作罢。吾此间绝不须人照料，全眷来反嫌聒噪。汝但依原定功课从容学去，则我欢喜无量矣。共和、民主合并终成，复选举后即可发表。此亦足令吾大慰者。

　　示娴儿。

饮冰　廿三日

致梁思顺书

1912 年 12 月 27 日

　　十九号禀收。重堂既归，汝辈当勤寄安禀，以慰慈怀。吾所寄书亦当随时转去，因吾作禀不能甚多也。简庸先生处可以吾意挽留，并言明年月馈修金五十，将来移眷来尚可稍兼他事更当别报也。顷查青岛专为我国人所立之校，学风极坏，其德童专用校，入之不易。思成明年能往与否尚未决耳。归国后为汝诸弟妹求学真一大问题也。此间连日大雪，十年来未睹此瑰观矣。

　　示娴儿。

饮冰　廿七夕

梁 启 超 家 书

一九一三年家书

致梁思顺书

1913 年 1 月 10 日

　　新年第一第二号禀并悉。吾此间都过旧历年不过新历年。故汝等压岁钱尚未寄去，迟旬日当即寄汝，不惟不吃亏，反占便宜矣。可知群季公议之结果有效也。惟汝母一分，我却不任赔偿，恐此端一开又要索赔祖父一分矣。第二禀所言事诚有之，吾前有两书与汝母即言此，此不过偶然逢场作兴，（我事断不瞒家人，特不欲语汝耳。）吾岂无分寸，何至不自慎，且汝叔及荷丈又岂肯任我蹈险者，吾偶一消遣并非到彼嚣尘之地，且已绝迹十余日，以后亦不再为冯妇矣。汝勿许远念，但安心劬学，学成乃归可也。乡中又闹官司，祖父南归真不合时，恐尚滞香港耳，东中亦接有安信否耶。

　　示娴儿。

饮冰　十日

致梁思顺书

1913 年 1 月 12 日

　　汝前书所言事，吾后书已尽言近情，吾岂不知自爱，岂劳劝谏，汝可勿焦念以致废学也。惟汝诸表兄小题大做，既招汝惊忧，又招汝叔愤怒，真无谓耳。思成留学事，有门生在青岛者来书述情形今寄阅，惟所望特别高等学堂者，闻学风极不佳，思成独往实不放心，或再俟一二年后彼稍长大，再作商量亦可耳。此事可禀汝母知之。本初月馈之项十二月份者至今未交到，不知何故，现颇窘也。

　　示娴儿。

饮冰　十二夕

致梁思顺书

1913 年 1 月 15 日

　　第三号禀悉，何故忽患不能睡之证，由忧我思我耶，抑由功课太迫，用脑太劳耶？我何劳汝忧，汝忧我是杞人之类耳。功课迫则不妨减少，多停数日亦无伤。要之，我儿万不可病，汝再病则吾之焦灼不可状矣，吾得汝全愈之报告，吾心乃释也。今属汝叔寄上九百元，内八百元充家费，其一百元压岁钱。汝兄弟七人，人十元，廷献①及诸外戚人五元。若有余则归汝，仍由汝请群仲吃一顿，若不足则在汝所得之份垫出，吾将来别以他物酬汝，汝母之分吾却不认赔偿，吾知汝母尚有金钱数枚，汝等何不再开一次国会直往要索耶。吾数日来心境大舒，勿远念。（汝言达达可爱，如此吾亦念之矣。）可告彼。

　　示娴儿。

饮冰 十五夕

粤中家信须常写。

---

　　① 廷献：梁廷献，梁启超的侄子。

致梁思顺书

1913 年 1 月 17 日

　　汝病何如？已全愈耶？小小年纪何故患不寐之病。得毋用脑太过耶？日本教育识者诋为诘込主义，最足亏体气而昏神志，谅诸师所以诲汝者或不至如是，然以区区数月间，受他人两三年之学科为道实至险，故吾每以为忧也，以后受学只求理解，无须强记，非徒摄生之道，即求学亦应尔尔也。此次选举吾党大概总要失败，敌党纯用乱暴贿赂，此固一最大原因，而吾党少数人反对合并者亦不能辞其责也，似此吾仍可以不接近政界，优游养望自为计良得，然大乱之起恐亦在半年内耳。日来耳闻目见皆陆沉之象，吾生平乐观主义竟不能自持，几欲委而去之矣。日来因喜食腊味饭之故，胃病似又复发。然终未能戒食也，每夜就榻仍极迟，大率三四点为常。连日观剧，聊以解忧。自今日起亦停止矣。闻乡居欲迁香港。重堂已有书告汝否？

　　　　　　　　　　　　　　　　　　　　　饮冰　十七日

致梁思顺书

1913 年 1 月 23 日

　　汝病何如？若患神经衰弱则功课必须减少或更停课调养亦可，即受业时亦不宜务强记，至要，至要。吾党选举可望转败为胜，直隶已大胜矣。大抵将来（或稍后）即共和已可敌，国民加以民主则成大多数。第两党恐终不能合此，吾所最痛耳。连四日中座客皆夜三时乃散，报中文字竟不能作奈何，奈何。今日有一人假冒汝表兄来打抽丰，可谓无其不有，将彼帖寄上，博汝母一粲。蜕丈东游曾至我家否？汝等照像何尚未寄至？粤中常有安禀往否？过年作何热闹耶。

　　示娴儿。

饮冰　廿三夕

致梁思顺书

1913 年 1 月 25 日

　　病已愈，不至悬悬。连日曾刚丈在此谈燕甚乐，熊秉丈继来，政界俗谈又刺耳刿心矣。有石星气先生，吾少年受业师，贫不能自存，哀属我为觅事不得已请作书记，然也不过拟移家归后乞其授思成辈学，分荀叔之劳。此老旧学尚好，吾十五六时之知识大率得自彼也。吾近日写字，字兴复大发，得好宣纸，日以自娱，洋纸则厌极矣。思成写郑文公，宜慕原碑勿禅贩。吾所写者可告之魏铁丈为汝写圣教已成，顷往付装潢，归时给汝《资治通鉴》已到不？本尚佳耶。阅徐雪丈为华侨代表来赴选举，若到东可促其即来，二月初六为选期，今仅余十日耳，彼来吾可助之当选也。

　　示娴儿。

饮冰　一月廿五日

致梁思顺书

1913 年 1 月 31 日

　　连得七、八、九号禀，至慰。汝真纯孝能与我精神感通，计汝作第九次禀时，吾心颇有所刺激不宁也。然吾亦尝学道自得，岂外界所得牵移。吾十日来半掷日力于字课，此吾频年所用养心之良法。汝若侍侧当能窥其微矣。汝学日进，吾闻此则百忧解。阿庄、阿达之态皆足令我悬想开颜，改岁后，吾或微行一入京第，恐不能密，又惹无味之酬应耳。造像明日可成，成当遂寄。

饮冰　壬子腊不尽六日

　　残腊向尽，岩屏百事，不使与耳目接。同舍生各有所适，向夕相率去，余独占一室。室中养海棠二、蜡梅二、红白梅各一，水仙六，他二卉不知名，案头群籍尽束，惟置《玉溪生集》①，诵其近体殆编，自斟海西葡萄酒，侑之研墨新足呵冻作字课，所写即玉溪锦瑟碧城诸什也。尽八纸得二十章，誊以小骈文一夕，所课如此，不知为苦为乐也。

饮冰　壬子腊不尽五日

---

　　① 《玉溪生集》：字义山，号玉溪生，唐代诗人李商隐的别号。《玉溪生集》，即李商隐集。

致梁思顺书

1913 年 2 月 4 日

吾半月来，书兴大发，每日客散后即学书，使汝在此又将猜我有何心事矣。此纸即吾制以作书者也。汝叔索我为写玉溪生诗，已写十余叶，汝闻之得毋羡耶？汝病何如？亟宜善摄，以慰远怀。吾室中群卉竞放，蜡梅海棠最佳，三日前已造一像，成当寄汝，汝姊妹所照何久未寄耶？此间党人报捷，合并复有望差可慰。然于大局所裨实涓涓耳。今日所写已尽十纸，研有余沈聊复书此。

饮冰　小除夕

穷冬沍闭，公私蹙蹙，斗室俯仰，言悲已叹，况乃明月白露。文通赋，其销魂落叶，凋年东阳，哀其生意，沈沈洛浦之梦。草草河梁之泪，以此思伤，伤可知矣，玉溪遗句凄婉在抱，重吟细把用赠所思。（此吾顷所作小骈文也，喜其文采，写以示汝，不必求甚解也。）

得第七号禀，知以全愈甚慰。参考书亦不必太多读，专受一先生之言而领会之，所得已多矣。吾今精神上所感苦痛，全由徘徊于出与处之间，若决定一途则虽苦亦有兴耳。吾顷请伍连德为我配胃病药，今日煨服观后效何如？腊尽家中有何娱乐耶。

示娴儿。

饮冰　小除夕

（昨用宣纸所作书，误写日子耳。）

汝似久未作禀与汝叔何耶？汝叔前得汝书颇怒，谓不应以闺秀作此等语，其复书云何？吾未之见，大约必大申饬矣，然此出于爱汝之意，今气亦久平，汝宜作禀请安，只着一二句，谢过不必提再前事也。

又示

今日连得第十、十一、十二号禀，极慰悦。汝病新愈宜加慎摄。吾胃病尚未全愈（顷尚服药无间），然亦差减矣。不好运动，性习难改，户外即公园吾居此四月，惟半月前踏雪造像到一次耳。吾心绪无甚不宁，惟所受刺激颇多，然吾常自镇，每有刺激最多不过数小时即平复矣。选举结果未全发表，计议员五百九十人，国民党得二百六七十，共和党得二百四十余，民主党得三十余，统一党得六十余，若共民统三党能合并，则决占优胜，否则未可知矣。然共、民感情极恶，恐难合。统一则全为本初机关，虽欲与我合，我则须提出条件也。吾若能不入党，则可以翛然自乐，然恐事势终不许尔尔耳。吾日来字课极勤。岁暮结账，文美斋南纸店之债务乃至七十余金，可见我用纸之多矣。诗久不作，报中所登寿几道诗严又陵也，亦倩人捉刀耳。此间即以书房为卧房，房中供花颇多（花皆租者，而母爱腊梅，归时可大租供耳），以后当减之，新造像两轴与此函同寄，计迟二三日当到，在室中所造者佳也，后日岁除，此间亦有娱乐之法，第断不能似去岁之热闹耳。

示娴儿。

饮冰　腊不尽二日

致梁思顺书

得泷谷书，大誉汝。谓试验之结果，为彼邦男学生所不逮。试思我闻此喜慰何如耶？恨遣汝就学太迟，时日太促不能得大成耳。吾因汝前此曾因学致病，至今谭虎色变，故累信戒勿欲速，实则吾岂愿一日离汝哉。吾每遇有拂意事辄思汝耳（日来拂意事颇多，顷念汝切也）。张将军勋昨专人来迎我，谓我若肯往彼，将率全军郊迎，吾今安能往？（为人所忌）只能以游孔林游泰山为名，乃得一往耳。愿此游吾已许与汝偕矣。国中大乱非久，且至久恐终无此从容游谴之时也，实则四月以后无论局面如何，我身必卷入旋涡中，当天下极险艰之冲。断无复余暇以享家庭之乐，其时宜移家与否尚在不可知之数耳。言念及此辄思东渡，度旧腊省视汝母及汝曹作十日闲散，但此愿亦岂易偿者，姑妄言之而已。与人家国事无往而非困心衡虑之地，但终已不能忘天下，则茹荼啮蘖亦固其所耳。我十年来实太自佚乐，今固宜受苦辛也。顷熊秉丈、潘若丈在此夜谭方散，（若丈自吾归后，往来南北已三次，其坚苦卓绝真可敬也。）已将拂晓矣。有所枨触作书告汝，每得汝书或寄汝书，皆能减我苦痛也。祖父书及姑丈书、汝书皆极言达达，达达之可爱，究竟其特别可爱者何在？能一言耶？

泷谷字写就另寄，写得颇用心，可以报彼矣。（长泽武日各一幅。）

思成字大进，今尚写郑文公[1]耶，写五十本后可改写张猛龙[2]。

孙慕韩日使之说，此间无所闻，亦已两旬不晤彼矣，若果有此事与言当易易耶。

---

[1] 郑文公：指郑文公碑，亦称《郑义碑》，为北魏摩崖刻石，传为郑道昭书。有光绪拓本。

[2] 张猛龙：指张猛龙碑，为北魏著名碑刻，有明拓本。

顷为汝四表兄觅一官，想可成。此子真不才，顾不能坐视其冻馁，冒耻为之请托耳。

蜕丈至今不至，令吾无以对冯华甫，亦吾拂意之事也。

示娴儿。

饮冰　正月二日

十三四号禀悉，汝病全愈，大慰。此后总宜极自摄卫不可以病劳我念也。顷得祖父来谕粤家中种种恼人之事，实不欲闻，祖父在港恐终亦无愉快时耳。

外祖母家如此困顿，吾义当扶助，且吾与汝母十余年来未尝能为老人一作甘旨之奉，尤所欠然，非汝提醒吾竟阁置矣。二月份津贴顷尚未到，此间度岁支用浩繁，稍迟半月当即寄去也（阳历十二月、正月份一钱不能贮蓄，因前此汇东之三千乃借项，今须偿也。石先生处吾碍于情面不能不周之，现在又无事可办，不得已托其专教希哲月修六十元）。十四舅事当即致书汪年丈，并托人在外部一为设法，如何之处当续告，雪丈昨日至今晨入都。选举明日揭晓，大约可望当选。荷丈亦有为议员之望，由何处选出则不可知，今日共和党本部方有电话来查其籍贯也。（藻孙可望得上院议员，倏忽间便变成贵族矣。）吾当议员之说已罢论，因荷丈、秉丈、佛丈皆反对也。武田刀祢馆条幅寄上，日间当别写精楷数幅，赠津村也。今日魏铁丈忽集杜诗作一联，属书文曰："忍能对面为盗贼，但觉高歌有鬼神。"可谓隽妙。此老满肚皮不合时宜即此可见。彼言今年必改行作戏子也（唱得佳绝），数日前共和党人忽来交涉，欲举彼作议员，彼闻之掩耳急遁。实则吾党非有他故，因彼之技击为国中第一，预备在院中与敌党挥拳耳。自除夕至今政客麇集，头目为眩，顷略清静矣。

示娴儿。

饮冰　旧历五日

鼎丈已得主事可告其家，思庄字佳，传语嘉赏。

致梁思顺书

1913 年 2 月 20 日

得禀，知已受比较宪法及财政学甚慰，可以吾命请于诸师，乞其于纯理方面稍从简略于应用方面稍加详，能随处针对我国现象立论尤妙，即如比较宪法当多从立法论方面教授，其解释法理则简单已足。又宪法毕业后能一授政治学大略最妙。盖政治学本以宪法论占一大部，再讲舆论及政党之作用与现在各国政治之趋势足矣。所费时间可不甚多，但不识能有此教师否耳。惟功课臻增，每周受业时间万不许加增，宁可延归期一两月耳。吾极不欲过劳汝，惟念归后难得良师，故欲汝受此完全教育耳，可出此书与津村先生商之，刀袮馆先生复以余暑授思成，可感之至，为我深道谢，并告思成勉学，毋负盛意也。

示娴儿。

饮冰　上元

续寄赠诸师之书想已收。

致梁思顺书

1913 年 3 月 18 日

　　廿九号禀悉。决定六月中旬行，可也。名师不易得，岂可交臂失之。吾
顷有事可做，意兴勃发，更不劳苦曹为我解闷也。（我字课废已兼旬，即此
可知我意境，大约吾写字时必极无聊也。）吾非轻视私法，数年前且极好
之，（初挈汝至须磨时，曾专治民法。）特以时日不逮不得已而省略耳，且
又审高商中来必有良师也。今津村先生既谆谆不倦，悉遵其计划可也。（使
早一年令汝就学，必可大成，然彼时又安有此力者。）惟不许每周增加时
间，致再酿病，宁可更延长一半月耳。书林事未与汝德叔详谈。大权偕来亦
可，届时吾必命任发往迎也。相片尚未至，急欲见之（信未到片已到，达
达果有趣。）计明日或至耶。建部著世界列国大势，尚未到。可催宝文或购
来日寄。樋口龙峡着近代思想之解剖可购寄一部。吾月来饮酒不多，勿念。
闻往观樱颇复遥羡，惟春明花事亦渐盛，海棠、芍药次第开。（行将饱赏，
惜不与汝偕也。）

三月十八日

　　吾去年复游存之骈文信尚有存稿否？可检寄来。

　　顷决后日（十九日）入京，再无改移矣（顷电话来，复有改移或再延
数日亦未定）。党中已派专员来迎，且预备一切也。三党[1]合并已定议，吾
入京数日后即发表。此后当必日与手枪、炸弹为缘（黄兴、宋教仁皆到京，
正好决斗），然亦痛快极矣。汝但安心读书，稍迟一二月归不妨，吾今不闷，

---

　　① 三党：民国初年，民主党、共和党、统一党三党联合，以对抗宋教仁的国民党。

无待汝解也。报中有一谐文寄资大噱，议员薪水大佳，大约国家岁给三千余，党中岁给千余，藻孙居然有百千岁入矣。真不知成何体制，然敌党如是，我亦不能不尔也，总便宜了这班国民代表。

十八夕　又示

致梁思顺书

1913 年 4 月 17 日

　　今日已返津矣，一人独据一车（荷丈及二叔皆先返不能待我），而护卫者廿余人，非专制国无此现象也。第四十二、三号禀并悉，任发数日内即东渡，屋尚未定（吾以为久定矣，今归乃知之），汝叔总嫌僻远，但日界觅屋，决不可得。明日将仍往定之耳。汝叔辈常作无谓之忧虑，若有危险断不起于室内，能禁我不出门则险可勉。此安能者？不忧其它而忧盗之入室，岂非杞人。即如吾此次入京东单二条之住宅，环以千数人，而我终日出门赴会，又往往至《国民公报》坐至夜分此何伤者？要之，吾既归国即履险地，入京则更险，津险则不足道也。所索二千，月杪电汇，汝母索耳珰，吾因知为戏言，汝母所欲得之物，总不外恰克图火锅，腌菜坛子，黄铜烟袋之类，吾与汝母相处二十年，宁不深知耶，一笑！《白香山集》损害赔偿不忧无着，吾此次入都得博进数百金，以购仇十洲极精之画（值三百五十）专以畀汝者（精美极矣），若犹未足，则所购旧本书尚值二百余金，任汝拣取可耳。但汝亦勿太不廉，当为诸弟妹地，毋使彼辈觖望，谓老夫偏爱也。（仇画则群季不能攘夺，因所绘为名媛，故我专为汝购之。）顷有一极可恼事，汝四叔翩然来矣，彼竟未往港谒祖父，祖父知彼来有书云不许容留也。吾尚未见之，汝二叔不许其逗留，将令任发押解至沪督上港船，然请任发由沪东渡云。

　　示娴儿。

饮冰　十七夕

致梁思顺书

1913 年 4 月 18 日

　　昨书甫发，而《欧米政党政治》一书已寄到，吾每欲购一书，吾儿辄已先寄，真可谓先意承志，无怪吾之溺爱也。德界之屋已定，实非僻远（可以谢杂客，不啻小隐也），今日偕荷丈及汝叔往看，已金同矣。屋内之房开间极大（楼上楼下仅有房六间耳），汝母之房可以隔作三间，另有余地可以附属思成书房，汝之房亦极大，吾将汝卧榻并置其中，将精心结撰为汝布置之（汝母之房吾却不管待其归来自布置），但桂妹最难安插，吾决不容在汝室中设两榻，如是则吾之意匠全破坏，不复成一精室矣。汝房中有附属小房，桂妹设书案尚可，但彼卧榻则真无着耳。学塾亦勉强可容（王姑娘居楼下，但与客厅文学塾能隔别内外），简公兼为吾书记，亦当同居。惟汝叔住房无着，除非将客厅隔出一部，否则叔须住报馆矣。然叔不在家殊不便也。京师殆万不可居，吾此后尚不欲常往，但未知能否耳。汝归后稍安顿一二日即挈汝往过此，恐京师不复可入矣。一叹。（日本下女能带一二人来否，可禀商汝母。）

　　示娴儿。

饮冰　十八夕

致梁思顺书

1913 年 4 月 21 日

　　三党合并总算勉强成立了，然其中暧昧曲折、千奇百怪迥出意想之外，吾已宣言不肯为新党中职员，从此暂与政界谢绝，神志或将稍复清明耶，两日来各政客分帮来，诉者纷纷踵集，吾只得严守中立耳。吾遂拟在津杜门数月，俟汝曹归来，稍复享家庭之乐。深愿还须磨旧观也。任发决廿三日东渡，取道上海，因须押解汝四叔也。任儒先生无端自至，亦只得花钱送之归"穷饿故人常满眼"真无如何也。明日祖父寿辰，此间设薄宴遥祝，然仍恐政客云集，不能自适其过耳。定期下月十六归，极好，傭屋已定，即当预备一切也。

　　示娴儿。

饮冰　四月廿一日

致梁思顺书

1913 年 5 月 2 日

　　第四十九、五十号禀悉。归期可不必中变，就今全国鼎沸，天津租界必可安居无所用其惊恐也。宋案确与政府无关，惟此次战祸必不能免，吾侪亦不愿其再以含糊敷衍酿毒耳，吾所以不能脱卸党务之故，《时报》^①通信所记最得其真相，今剪寄两处当皆有时报或不留心阅故再剪寄。阅后并转寄游存，汝等临行时必须往游存辞行，极致殷勤，此为至要。汝之精室吾布置得极为满意，可惜花时已过，欲布置稍好之盆栽，竟不可得矣。汝母之室虽不为布置，然亦不止一床二帐竿也。一笑。

　　示娴儿。

饮冰　五月二日

众院正副议长皆吾党当选，然此后敌党乃益怒耳。

---

　　① 《时报》：1904 年在上海创刊，初期得到维新派康有为、梁启超的资助，主张君主立宪，是康、梁在国内的喉舌。民国初年，倾向袁世凯政府。

梁 启 超 家 书

一九一五年家书

致梁思顺书

1915 年 5 月 11 日

　　得藻孙书，知汝已诞一女，母子平吉，深慰远怀。诵赵王陀于今抱孙之句，殊令老夫色动也。此间于旧历十八为祖父祝寿，其庄严热闹，咸谓粤城空前之盛。二十日返乡，（在江门一宿，二十一日到家。）二十二日谒祖，二十三日庆寿，二十四日省墓，二十六日复返江门，二十七日返省。此数日间全省河小兵轮十余艘，皆开往茶坑，军队环卫者四百余，其在附近一带巡缉者复数百，吾赏犒之费，亦大不资矣。祖父精神矍铄，兴会淋漓，至可欣慰。乡间风俗亦至醇美，粤贼遍地，吾乡竟无一人挂吏网，此次在乡演剧四日，并小孩吵闹之举而无之，来宾莫不啧啧叹羡也。

　　子弟亦多佳良，廷玮尤极可爱，在银行为学习员，行中人皆器重之，聪慧勤慎，冗宗之子也。吾极思挈之以北，惟入校苦于程度不合，且祖父极钟爱，不欲其远离，只得听之。惟令其晚间补习英文、算学，使将来稍有所资以自立耳。汝梅姑尤极婉娈，吾笃爱之，惟祖父亦不欲其远行，无如何也。彩莺、翠琼、翠莲皆来，闻皆得所，彩莺家事尚好，琼则稍差矣。吾欲廷玮与瑞时婚配，家中长辈皆同意，试商汝母谓何如？

　　吾此行返乡有极危险事，惟我乃如在梦中，返省后始知之。盖有乱党九人，各挟爆弹，拟到乡祝寿，为侦探所尾，在离江门一站之车破获。兵官死一人，伤八人，顷伤者在博济医院，吾日间尚拟往慰问之也。

　　昨电及藻孙函，言思成入校事，已悉。此间本已允送思永，今既如此，当要求送两人，若不能则先送思成也。此事明日见当道即办之。款三千此间可筹寄，亦须两三日内乃办到，因为有款存中国银行，德叔尚在乡须待其来也。此次在粤所费，当在四千内外，而乡祠乡人所费，恐更六七千，实未免太过，然借此承欢，殊值得也。吾自到粤后，未尝食一顿正经饭，未尝睡一场正经觉，劳顿不可言。决旧历初五日由港起行，初三四间当往港也。

此示娴儿姊弟等同读。

　　　　　　饮冰　旧历三月廿八，新历五月十一日

酸枝书案吾必赍汝，顷已定购矣。尚有他物遍赏汝曹姊弟也。

致梁思顺书

1915 年 5 月 14 日

　　寄去清华咨文，可即持与该校校长交涉，并索取履历纸照填，更附以相片交去，若即此可了最善，否则须汝母挈成、永一归应考当无不得也，吾拟旧历初五行或即返京亦未定，有书可由上海静生转。

　　娴儿读。

饮冰　旧四月一日

致梁思顺、梁思成等书
1915 年 6 月 4 日

　　今晨安抵上海，拟往苏杭、南京，小作句留，即乘津浦车北上，尚思一登泰岱谒孔林也。极欲汝姊弟来一同游能行否？能则俟吾发程时以电告，汝等得电即来，会于济南可耳。津屋想已落成已迁否？若已迁则吾在津下车，否则直到京也。成、永入学事何如，若不妥，须即日返粤应考。应考必可及格，但不免一度跋涉耳。此行在粤忽忽，遂四十日幸未挈诸幼来，若尔，恐病者纷作矣（粤中各界欢迎可谓致敬尽礼，港督亦至殷殷），粤之天气吾犹觉不能受，勿论汝辈也。

　　示顺、成等。

饮冰　六月四日

致梁思顺书

1915 年 6 月 5 日

　　到沪得五月十一、二十二日两禀，慰悉一切。吾明日往杭州，拟住三日，返沪后即往苏州，住两日，往镇江一游金、焦①，遂往金陵，亦住二三日，即取道津浦归京，途中更一登岱②，期以端节前后到家。似此匆匆，殊负雅游，但颇有数事（粤中政事也）须到京有所告语，且久游于卖文事业殊多妨也。幼孙之婉娈，吾虽未见，可想象得之。彼生时汝夫妇孝服未满，可名之曰念慈，（三月十九日俗称为月神诞，其小名称为桂儿亦可。）仍请希哲商之。祖父有洗儿钱一封，由吾带来，吾游江浙亦当求佳品以赍之也。吾为汝置书案书橱，皆自出样式，颇精美，但须两月后乃成耳。在粤购得乡先正书画数事颇可喜，途中不能作文，《大中华》相促迫，殊为狼狈，今晚拟拚命成数千言耳。

　　此示娴儿。

饮冰　六月五日

----

　　①　金、焦：金山和焦山的合称。两山都在镇江。
　　②　岱：即今泰山。

梁 启 超 家 书

一九一六年家书

致梁思顺书

1916 年 1 月 2 日

　　王姨今晨已安抵沪，幸而今晨到，否则今日必至挨饿。因邻居送饭来者已谢绝也（明日当可举火，今日以面包充饥）。此间对我之消息甚恶，英警署连夜派人来保卫，现决无虞。吾断不致遇险。吾生平所确信，汝等不必为我忧虑。现一步不出门，并不下楼，每日读书甚多，顷方拟著一书名曰《泰西近代思想论》，觉此于中国前途甚有关系，处忧患最是人生幸事，能使人精神振奋，志气强立。两年来所境较安适，而不知不识之间德业已日退，在我犹然，况于汝辈，今复还我忧患生涯，而心境之愉快视前此乃不啻天壤，此亦天之所以玉成汝辈也。使汝辈再处如前数年之境遇者，更阅数年，几何不变为纨绔子哉。此书可寄示汝两弟，且令宝存之。

一月二日

　　有人来时可将下列书捡托带来，但捡交季常丈处彼自能理会也。《哲学大辞书》七册；《文艺全书》一大厚册，似是早稻田大学编辑，隆文馆发行；《津村经济学》，新改版者。召希哲之故，孟希想已言之，能来则来，否则暂止亦无妨。

致梁思顺书

1916 年 1 月 7 日

　　数日未得书报，而母近状甚念，甚念，彼已出院否？体复元否？曾发见他病否？若因此而更除杂病，益健康，则未始非福耳。此间甚安，吾每日早睡早起，眼病亦渐痊，可每日读书作文甚多，此时暂不它行，一切饮食起居皆王姨一人料理，（闻彼曾寄一和文信已收否？）至为稳便，汝曹不必远念。

　　　　　　　　　　　　　　　　　　　　　　　　一月七日

　　来书总宜外加一封电日邮发。

致梁思顺书
1916 年 2 月 8 日

　　书及禧柬并收，屋有售（买）主速沽为宜，第求不亏已足，勿计赢也。此著既办，冰泮后即可尽室南来，赁庑数椽，齑盐送日，却是居家真乐。孟子言："生于忧患，死于安乐。"汝辈小小年纪，恰值此数年来无端度虚荣之岁月，真是此生一险运。吾今舍安乐而就忧患，非徒对于国家自践责任，抑亦导汝曹脱险也。吾家十数代清白寒素，此乃最足以自豪者，安而逐腥膻而丧吾所守耶？此次义举虽成，吾亦决不再仕宦，使汝等常长育于寒士之家庭，即授汝等以自立之道也。吾近来心境之佳，乃无伦比，每日约以三四时见客治事，以三四时著述，余晷则以学书（近专临帖不复摹矣），终日孜孜，而无劳倦，斯亦忧患之赐也。

　　此书钞示成、永两儿，原纸娴儿保之。

二月八日

致梁思顺书

1916 年 3 月 18 日

寄去《从军日记》一篇，共九叶，读此当详知吾近状。书（此间无书不拆故不敢付邮）辗转托递，恐须一月后乃达，其时吾踪迹当暴露于报中矣。此记无副本，宜宝存之，将来以示诸弟，此汝曹最有力之精神教育也。文辞亦致斐亹可观矣。吾尚须留此六日，一人枯坐，穷山所接，惟有佣作，然吾滋适，计每日当述作数千言也。王姨计已返津，汝等见报知我已入粤时（粤事定时），即当遣王姨来港（到港住家中，问永乐街同德安便知港家所在）候我招之。盖到粤后不便久与陆同居。一分居后，非王姨司我饮食不可，彼时之险，犹过于居沪时也。越南入境如此其难，汝母归宁只得从缓一两月后，局面剧变，彼时或可自由行动也。

示娴儿。

三月十八日，自越南帽溪发

日记呈仲父及季丈一阅。

致梁思顺书

1916 年 3 月 20—21 日

　　吾居此山陬四日矣。今夕乃忽烦闷（主人殷勤乃愈增吾闷）不自聊，盖桂使尚须八九日乃至也。最苦者烟亦吸尽无可买，（夜间无茶饮，饭亦几不能入口，饥极，则时亦觉甘。）书亦读尽，一灯如豆，虽有书亦不能读也。前此三日中作文数篇，（有日记寄去，已收否？不见日记则不知吾此书作何语也。）文兴发则忘诸苦，今文既成，而心乃无所寄，怅怅不复能为怀。此间距云南仅三日程，吾悔不于初到时即一往彼，吾深负云南人，彼中定怨我矣。稍淹信宿，更折而回，犹未晚也。呜呼，吾此时深望吾爱女，安得汝飞侍我旁耶？吾欲更作文或著书以振我精神，今晚已蓍蓍不能属思，明日誓当抖擞一番也。吾欲写字，则又无纸，箧中有笺数十幅，珍如拱璧，不敢浪费也。离沪迄今虽仅半月，而所历乃至诡异，亦不能名其苦乐，但吾抱责任心以赴之，究竟乐胜于苦也。约二十七八乃能行，行半月乃能至梧州，此后所历更不知若何诡异，今亦不复预计。极闷中写此告家人。

三月二十日由帽溪山庄

　　孟曦昨日至海防，即夕入云南，觉顿早安抵梧州。

　　嗟夫思顺，汝知我今夕之苦闷耶？吾作前纸书时九点耳，今则四点犹不能成寐。吾被褥既委不带，今所御者，此间佣保之物也，秽乃不可向迩。地卑湿蚤缘延榻间以百计，嘬吾至无完肤，又一日不御烟卷矣（能乘此戒却，亦大妙）。今方渴极，乃不得涓滴水，一灯如豆，油且尽矣，主人非不殷勤，然彼伧也，安能使吾适者。汝亦记台湾之游矣，今之不适且十倍彼时耳。因念频年佚乐太过，致此形骸，习于便安，不堪外境之剧变，此吾学养不足之明证也。人生惟常常受苦乃不觉苦，不致为苦所窘耳。更念吾友受吾指挥效命于疆场者，其苦不知加我几十倍，我在此已太安适耳。吾今当力求睡得，睡后吾明日必以力自振，誓利用此数日间著一书矣。

二十夜　晨

　　此间寄书殊不易，吾且作此留之，明日或更有所作，积数纸乃寄也。吾今日甚好，已着手著书，可勿念。

廿一日

致梁思顺书

1916 年 3 月 26 日

娴儿读：

　　吾今成行矣。在此山中恰已十日，而其间却有一极危险之纪念。盖此间有一种病，由烈日炙脑而生者，故土人必以黑布裹头（印度人之红布亦为此）。吾初至之日，主人本已相告，而我不检，乃竟罹之。记一夕曾作书与汝，谓薾闷思家，不能成寐，不知为此病之发也。明晨起来稍觉清明，及下午而热大起，一夜之苦痛，真非言语所能形容。孑身在荒山中，不特无一家人且无一国人，（实则终日室中并人而无之，若其夕死者，明日乃能发见。）灯火尽熄，茶水俱绝，此时殆惟求死，并思家人之念亦不暇起矣。明晨人来省视，急以一种草药（专治此病之药）治之，不半日竟霍然若失，据言幸犹为轻症，然若更一日不治，则亦无救矣。险者！病起后，胸无一事，于是作《国民浅训》一书，三日夜成之，亦太快也。二黄皆已往云南，吾一人独入桂，尚须挟骑走山中四日乃能易舟也。自此以往皆坦途，可勿念。（病虽痊愈，然两日来浑身发痒，搔之则起鳞粟，今遍体皆是，非蚤所啮也，不解何故？此地卑湿，非吾侪所堪，幸即离去，否则必再生病也。）

三月廿六日

致梁思顺书

1916 年 5 月 3 日

吾日内即往日本，在彼半月当归沪小住，途旅甚安，同行保护之人不乏，可勿远念！汝辈学业切宜勿荒。荷丈家中常往存问。

五月三日

王姨即遣来沪，在沪待我归，已租定住宅，到沪时往周家问询便得。此事极要。

致梁思成、梁思永书
1916 年 6 月 22 日

思成、思永同读：

　　来禀已悉。新遭祖父之丧，来禀无哀痛语，殊非知礼。以年幼姑勿责也。汝等能升级固善，不能也不必愤懑。但问果能用功与否，若既竭吾才则于心无愧。若缘怠荒所致，则是自暴自弃，非吾家佳子弟矣。闻汝姊言，汝等颇知习劳苦学俭朴，吾心甚慰，宜益图向上。吾再听汝姊考语，以为忧喜也。

　　　　　　　　　　　　　　　　　　饮冰　六月廿二日

致梁思顺书

1916 年 8 月 27 日

　　廿四日禀悉。伯瑛夫妇厚意太可感，我家本万无受理，惟现在寄返既颇难，且亦未便屡却其意，只好暂领，待他日吴家子弟有婚嫁等事再转赠之，汝可复书为我道谢！

　　示成、永书即示成，待永病痊愈再示之，汝宜严加督责（成久不来禀，已极可责），视其成绩表所最缺者何项，责令注意。

廿七日

致梁思顺书
1916 年 10 月 11 日

月来季常①丈在此同居，所益不少，前游杭游宁，皆备极欢迎，想在报中已见一二。顷决于十五日返港，省奠灵帏，且看察情形，能否卜葬，若未能，则住港两旬必仍返沪，便当北归小住也。写至此，接来禀，悉一切。希哲②就外交部职无妨，吾亦托人在国务院为谋一位置，未知如何？领事则须俟外交总长定人乃可商。但作官实易损人格，易习于懒惰与巧滑，终非安身立命之所，吾顷方谋一二教育事业，希哲终须向此方面助我耳。十二舅事，循若复电言运使已允设法，吾亦已电告汝母矣。别纸言《京报》事，可呈汝叔。

父示娴儿。

十月十一日

----

① 季常：即蹇念益，号季常，遵义老城人。其父蹇洗，先以"军功"保举四川越省、马边知县，后任江北同知。蹇念益比梁启超小 3 岁，因政治主张相近，与之结为莫逆之交。

② 希哲：即周希哲，梁思顺的丈夫。

梁　启　超　家　书

一九一九年家书

致梁思顺书

1919 年 11 月 5 日

返巴黎将一月，尚无一字寄汝，想前次船到时，汝不知如何失望。其实吾一年来每定居后，即无暇作书，此后或竟三个月无书亦未可知。要之吾在外甚安，不劳悬念也。（所寄意大利名画邮片，汝喜欢否？吾尚可再检寄汝。吾所收邮片盈万，将有可称万片斋主人，一笑。）两旬来陆续接汝七八禀，多有从几处使馆展转转来者，今先撮覆数语。

一、林振宗未见，已告英、法两馆招待，但吾得信迟，不知彼已到英馆否，法馆则确未到也。

一、仰光之游，决意作罢，一因国内朋好皆力沮，二因同行诸君有数人必欲护送我返国，方觉尽责，我到仰光，渠等势不能陪留，颇觉为难，好在汝于后年春间决意回家，计距我之归亦不过迟半年耳。（汝欲明春来欧，故吾所最望，但计汝两月舟中跋涉，来此仅住三两来复，殊不值。且吾旅费已罄，届时亦不能久留，待汝此行亦可不必矣。）

一、买领事馆事，可不必提，提必无效。此间各使馆皆租借，各馆皆以今年或明年便须迫迁，各使馆买价皆廉，各使相见皆言不趁银贵金贱时买下，实为可惜。然各馆无一能办到，最可笑者，意大利使馆添置家具五千元，经总长面许，乃办后部中驳了，要本使自赔，总长亦无如何，情形如此。可告希哲，无须替国家作百年大计了。

一、汝四月间未竟之书，阅后足见孝思诚笃，吾益爱汝，焉有怒理。吾自寄汝母书后，汝母亦未有书来，然吾亦不盼望，因吾固信汝母必已消除芥蒂也。

一、思成辈数月无一书来，殊属可恶，若无汝信，几不复知家中消息。汝书言汝四叔事，想象可得，此真无法，只好置之不理。

一、振飞赔偿委员事，本无事可办，不过部既派彼，不能辞谢耳。现仍与我同居，同居者，百里、君劢并彼而三，皆循循执子弟礼甚谨。前鼎甫所任职役，彼三人分任之，毫无不便，且吾生活甚简单，亦不劳人料理也。可勿远念。

以上覆汝书竟。

吾现仍居巴黎附近之白鲁威，拟住到明年二月初乃行，此地本避暑之所，御寒实不相宜，吾侪贪其僻静，且价廉，故决意不迁。用两下女，即兼司庖，每日两馔，每馔两簋，虽不能算苦学生生活，亦只好算阔学生生活罢了。在此百无所苦，惟苦缺煤，数人共围一炉，炙湿薪取暖，现重阳才过，已一寒至此，此一冬不知如何过法。然过此一冬，体必加健矣。（双十节之次日，吾从意大利返巴黎，新从热带入寒带，在车中已冻了一夜，归寓无煤无薪，大伤风，半月乃愈。）

吾自十月十一日迄今，未尝一度上巴黎，且决意三个月不往，将此地作一深山道院，吾现在惟有两种功课，日间学英文，夜间作游记，英文已大略能读书读报了。吾用功真极刻苦，因此同行诸君益感学问兴味。百里、君劢皆学法文，振飞学德文，迭为师弟，极可笑也。最可笑者，吾将来之英文，不能讲，不能听，不能写，惟能读耳。向来无此学法，然我用我法，已自成功矣。

吾日记材料，由百里、君劢、振飞三人分任搜集，吾乃取裁之，现方着手耳。此亦非同居不可，在此多住数月，亦为此也。

丁在君早已先归，刘子楷日内随陆子欣归，鼎甫留英，吾四人明年二月游德、奥、波兰，四月归。

父示娴儿。

十一月五日

此信可钞寄家中，吾本欲别作书，今已倦极了，一阁又不知阁到何时也。

吾现在又晏睡晏起，二十年恶习全然规复了，百里大不以我过于勤苦为然，常谓令娴在此，必能干涉我先生，然耶，否耶？

致梁思顺书

1919 年 12 月 2 日

得十月二十一日禀，甚喜，总要在社会上常常尽力，才不愧为我之爱儿。人生在世，常要思报社会之恩，因自己地位做得一分是一分，便人人都有事可做了。吾在此作游记，已成六七万言，本拟再住三月，全书可以脱稿，乃振飞接家电，其夫人病重，（本已久病，彼不忍舍我言归，故延至今。）归思甚切。此间通法文最得力者，莫如振飞，彼若先行，我辈实大不便，只得一齐提前，现已定阳历正月二十二日船期，若阴历正月杪可到家矣。一来复后便往游德国，并及奥、匈、波兰，准阳历正月十五前返巴黎，即往马赛登舟，船在安南停泊，约一两日，但汝切勿来迎，费数日之程，挈带小孩，图十数点钟欢聚，甚无谓也。但望你一年后必归耳。

父示娴儿。

十二月二日

梁 启 超 家 书

一九二一年家书

致梁思顺书

1921 年 5 月 16 日

　　三次来禀均收，吾自汝行后，未尝入京，且除就餐外，未尝离书案一步，偶欲治他事，辄为著书之念所夺，故并汝处亦未通一书也。希哲在彼办事，想极困衡，但吾信希哲必能度诸难关，望鼓勇平心以应之。薛敏老等来已见（彼已往美），吾略为擘画，彼辈似亦甚满足，他事如常，无可告，聊书数行，慰汝远念耳。

　　父示娴儿。

五月十六日

　　王姨似有病，且病似不轻，闻日内汝母令之往北京就医。

致梁思顺书

1921 年 5 月 30 日

我间数日辄得汝一书，欢慰无量。昨晚正得汝书，言大学校长边君当来。今晨方起，未食点心，此老已来了。弄得我狼狈万状，把我那"天吴紫凤"的英话都迫出来对付了十多分钟。后来才偕往参观南开，请张伯苓①当了一次翻译。彼今日下午即入京，我明晨仍入京，拟由讲学社请彼一次，但现在京中学潮未息，恐不能热闹耳。某党捣乱此意中事，希哲当不以介意，凡为社会任事之人必受风波，吾数十年日在风波中生活，此汝所见惯者，俗语所谓见怪不怪，其怪自败，吾行吾素可耳。廷伟为补一主事，甚好。尝告彼"学问是生活，生活是学问"，彼宜从实际上日用饮食求学问，非专恃书本也。汝三姑嘉礼日内便举行，吾著书已极忙，人事纷扰，颇以为苦，但家有喜事，总高兴耳。王姨有病入京就医，闻已大痊矣。

父示娴儿。

五月卅日

胡德将军处本拟用各界名义发一电欢迎，但用何名义未定，日内或以三数私人名作代表其人，则秉三伯唐仲仁静生及我也。

---

① 张伯苓：天津人，中国近代著名教育家，被尊为"中国近代教育的一位创造者"。

致梁思顺书

1921 年 7 月 22 日

　　喜事办完，吾返家已一来复，又从事著述生涯，自觉其乐无量。廷伟已斥令归乡，不复以此自恼，汝勿以为忧也。汝三姑姻事，（大约汝三姑丈将在久大任一职，决不令彼作官矣。）吾及汝母皆觉甚满足，全家人皆然，此为吾自完义务之一快事。使领馆经费补发无期，（吾近来始知底细，盖两年来外交部恃船钞三成充此费，今已无着。）日前晤长绥卿，彼言若呈部言家眷在津，则薪水（公费不在此限）可在津领，彼新放横滨总领事，亦只得托言眷一部分在津云云。可告希哲，即办一呈，言眷已返津，薪水托廷灿代领，望每月由津拨支云云，当可得也。吾日来极感希哲有辞职之必要，盖此种鸡肋之官，食之无味，且北京政府倾覆在即，虽不辞亦不能久，况无款可领耶？希哲具有实业上之才能，若更做数年官，恐将经商机会耽搁，深为可惜。汝试以此意告希哲，若谓然，不妨步步为收束计（自然非立刻便辞）。汝母颇不以吾说为然，故吾久未语汝，但此亦不过吾一时感想，姑供汝夫妇参考耳。希哲之才，在外交官方面在实业方面皆可自立，但作外交官则常须与政局生连带关系，苦恼较多也。此所说者，并非目前立刻要实行，但将个中消息一透露，俾汝辈有审择之余裕耳。

　　父示娴儿。

廿二

梁 启 超 家 书

一九二二年家书

致梁思成、梁思永、梁思忠书

1922 年 11 月 23 日

　　前得汝来禀，意思甚好，我因为太忙，始终未谕与汝等。前晚陈老伯请吃饭，开五十年陈酒相与痛饮，我大醉而归。（到南京后惟此一次耳，常日一滴未入口。）翌晨六点半，坐洋车往听欧阳①先生讲佛学（吾日日往听），稍感风寒，归而昏睡。张君劢硬说我有病（说非酒病），今日径约第一医院院长来为我检查身体。据言心脏稍有异状，（我不觉什么，惟此两日内脑筋似微胀耳。）君劢万分关切。吾今夕本在法政专门有两点钟之讲演，君劢适自医生处归，闻我已往，（彼已屡次反对我太不惜精力，彼言如此必闹到脑充血云云。）仓皇跑到该校，硬将我从讲坛上拉下，痛哭流涕，要我停止讲演一星期，彼并立刻分函各校，将我本星期内（已应许之）讲演，一概停止。且声明非得医生许可后，不准我再讲。我感其诚意，已允除本校常课（每日一点钟）外，暂不多讲矣。彼又干涉我听佛经（本来我听此门功课用脑甚劳），我极舍不得，现姑允彼明晨暂停（但尚未决）一次。其实我并没有什么，不过稍休息亦好耳。因今晚既停讲无事，故写此信与汝等，汝等不必着急，吾自知保养也。

　　父谕成、永、忠。

十一月廿三日

---

　　①　欧阳：即欧阳渐，字竟无，近现代著名佛学大师，江西宜黄人。

致梁思顺书

1922 年 11 月 26—29 日

我的宝贝思顺:

　　我接到你这封信,异常高兴,因为我也许久不看见你的信了,我不是不想你,却是没有工夫想。四、五日前吃醉酒,(你勿惊,我到南京后已经没有吃酒了,这次因陈伯严老伯请吃饭,拿出五十年陈酒来吃,我们又是二十五年不见的老朋友,所以高兴大吃。)忽然想起来了,据廷灿说,我那晚拿一张纸写满了"我想我的思顺"、"思顺回来看我"等话,不知道他曾否寄给汝看。你猜我一个月以来做的甚么事,我且把我的功课表写给汝看。

　　每日下午二时至三时在东南大学讲《中国政治思想史》,除来复日停课外,日日如是。

　　每来复五晚为校中各种学术团体讲演,每次二小时以上。

　　每来复四晚在法政专门讲演,每次二小时。

　　每来复二上午为第一中学讲演,每次二小时。

　　每来复六上午为女子师范讲演,每次二小时。

　　每来复一、三、五从早上七点半起至九点半,(最苦是这一件,因为六点钟就要起来。)我自己到支那内学院上课,听欧阳竟无先生讲佛学。

　　此外各学校或团体之欢迎会等,每来复总有一次以上。

　　讲演之多既如此,而且讲义都是临时自编,自到南京以来(一个月)所撰约十万字。

　　张君劢① 跟着我在此,日日和我闹说:"铁石人也不能如此做",总想干

　　① 张君劢:(1887—1969),上海宝山人,清光绪年间秀才,近现代学者,曾留学日本。1913 年赴德国留学,回国后任上海《时事新报》总编辑。1923 年演讲人生观问题,引起思想界一场玄学与科学的论战。1949 年出国,1969 年病逝于美国旧金山。

涉我，但我没有一件能丢得下。前几天因吃醉酒（那天是来复二晚），明晨坐东洋车往听佛学，更感些风寒，归来大吐，睡了半日。君劢便说我有病，到来复四日我在讲堂下来，君劢请一位外国医生等着诊验我的身体。奇怪，他说我有心脏病，要我把演讲著述一概停止。（说我心脏右边大了，又说常人的脉只有什么七十三至，我的脉到了九十至。）我想我身子甚好，一直不觉得甚么，我疑心总是君劢造谣言。那天晚上是法政学校讲期，我又去了，君劢在外面吃饭回来，听见大惊，一直跑到该校，从讲堂上硬把我拉下来，自己和学生讲演，说是为国家干涉我。再明日星期五，我照例上东南大学的讲堂，到讲堂门口时，已见有大张通告，说梁先生有病放假，学生都散了，原来又是君劢搞的鬼。他已经立刻写信各校，将我所有讲演都停一星期再说（以上二十八日写），医生说不准我读书著书构思讲演，不准我吃酒（可以）吃茶吃烟。我的宝贝，你想这种生活我如何能过得（二十八晚写），神经过敏的张君劢，听了医生的话，天天和我吵闹，说我的生命是四万万人的，不能由我一个人作主，他既已跟着我，他便有代表四万万人监督我的权利和义务。我们现在磋商的条件：

1. 除了本校正功课每日一点钟外，其余讲演一切停止。

2. 除了编《中国政治思想史》讲义，其余文章一切不做。

3. 阳历十二月三十一日以前截止功课，回家休息。

4. 每星期一、三、五之佛学听讲照常上课。（此条争论甚烈，君劢现已许我。）

5. 十日后医生诊视说病无加增则照此实行，否则再议。

我想我好好的一个人，吃醉了一顿酒，被这君劢捉着错处（呆头呆脑，书呆子又蛮不讲理），如此其欺负我，你说可气不可气。君劢声势汹汹，他说我不听他的话，他有本事立刻将我驱逐出南京，问他怎么办法？他说他要开一个梁先生保命会，在各校都演说一次，不怕学生不全体签名送我出境，你说可笑不可笑。我从今日起已履行君劢所定契约了，也好，稍为清闲些。

懒得写了，下回再说。

以上二十九日

致梁思顺书

1922 年 12 月 25 日

宝贝思顺：

　　十二月十二日的信收到了，欢喜得很。我现在还在南京呢。今日是护国军起义纪念日，我为学界全体讲演了一场，讲了两点多钟。我一面讲，一面忍不住滴泪。今把演稿十来张寄给你。我后日又要到苏州讲演，因为那里学生盼望太久了，不能不去安慰他们一番，但这一天恐怕要很劳苦了。我虽然想我的宝贝，但马尼拉我还是不愿意去，因为我不同你妈妈，到那里总有些无谓的应酬，无谓的是非，何苦呢？我于你妈妈生日以前，一定回到家，便着实休息半年了。

爹爹　廿五日

梁 启 超 家 书

一九二三年家书

致梁思顺书

1923 年 1 月 7 日

宝贝思顺：

　　我三十一夜里去上海，前晚夜里回来，在上海请法国医生诊验身体，说的确有心脏病，但初起甚微，只须静养几个月便好，我这时真有点害怕了。本来这一个星期内，打算拼命把欠下的演说债都还清，现在不敢放恣了，只有五次讲义讲完就走（每次一点钟），酒是要绝对的戒绝了，烟却不能。医生不许我多说话，不许连续讲演到一点钟以外，不许多跑路（这一着正中下怀），最要紧是多睡觉（也愿意），说这一着比吃什么药都好。我回家后，当然一次讲演都没有，我便连日连夜睡他十来点钟，当然就会好了。你却不许挂心，挂心我就什么都不告诉你了。我本来想到日本顽顽，可巧接着日本留学生会馆来书要我去讲演，而且听说日本有几个大学也打算联合来请，吓我不敢去了。（若没有病，我真高兴去。）今年上半年北京高师要请我，要和别的学校竞争，出到千元一月之报酬。（可笑，我即往，亦不能受此重酬。）东南大学学生又联合全体向我请愿，我只得一概谢绝了。回津后只好杜门不出，因为这几年演讲成了例，无论到什么地方也免不掉，只得回避了。我准十五日回家，到家当在汝母生日前两日哩。思成和徽音①已有成言，（我告思成和徽音须彼此学成后乃定婚约，婚约定后不久便结婚。）林家欲即行定婚，朋友中也多说该如此，你的意见怎样呢？

爹爹　一月七日

---

　　① 徽音：即林徽因，中国著名女建筑师、诗人和作家。梁思成的第一任妻子。

致梁思顺书

1923 年 1 月 21 日

宝贝思顺：

    我现在回家看见许多小宝贝，忘记了你这大宝贝了，把三张好玩的小照寄给你的三个小宝贝罢。

爹爹　一月廿一日

致梁思顺书

1923 年 5 月 8 日

宝贝思顺：

　　你看见今日《晨报》，定要吓坏了。我现在极高兴的告诉你，我们借祖功宗德庇荫，你所最爱的两位弟弟，昨日从阎王手里把性命争回。我在西山住了差不多一个月，你是知道的，昨日是你二叔生日，又是五七国耻纪念，学生示威游行，那三个淘气精都跟着我进城来了。约摸十一点（午前）时候，思成、思永同坐菲律宾带来的小汽车出门，正出南长街口被一大汽车横撞过来，两个都碰倒在地。思永满面流血，飞跑回家，大家正在惊慌失色，他说快去救二哥罢，二哥碰坏了。等到曹五将思成背到家来，脸上一点血色也没有，（两个孩子真勇敢得可爱，思成受如此重伤，忍耐得住，还安慰我们，思永伤亦不轻，还拼命看护他的哥哥。）眼睛也几乎定了。思忠看见两个哥哥如此，呱的一声哭起来，几乎晕死。我们那时候不知伤在何处，眼看着更无指望，勉强把心镇定了，赶紧请医生。你三姑丈和七叔乘汽车去（幸我有借来的汽车在门），差不多一点钟才把医生捉来。出事后约摸二十多分钟，思成渐渐回转过来了，血色也有了，我去拉他的手，他使劲握着我不放，抱着亲我的脸，说道：爹爹啊，你的不孝顺儿子，爹爹妈妈还没有完全把这身体交给我，我便把他毁坏了，你别要想我罢。又说千万不可告诉妈妈。又说姐姐在那里，我怎样能见他？我那时候心真碎了，只得勉强说，不要紧，不许着急。但我看见他脸上回转过来，实在亦已经放心许多。我心里想，只要拾回性命，便残废也甘心。后来医生到了，全身检视一番，腹部以上丝毫无伤，只是左腿断了，随即将装载病人的汽车装来，送往医院。初时大家忙着招呼思成，不甚留心思永何如。思永自己说没有伤，跟着看护他哥哥。后来思永也睡倒了，我们又担心他不知伤着那里，把他一齐送到医院检查。啊啊！真谢天谢地，也是腹部以上一点伤没有，不过把嘴唇碰裂了一块（腿上亦微伤），不能吃东西。现在两兄弟都在协和医院同居一房，思永一个礼拜可以出院，思成约要八个礼拜。但思成也不须用手术（不须割），因为骨并未碎，只要扎紧，自会复原。今朝我同你二叔、三姑、七叔去看他们，他们哥儿俩已经说说笑笑，又淘气到了不得了。昨天中饭是你姑丈和三姑合请你二叔寿酒，晚上是我请，中饭合家都没有吃，晚饭我们却放心畅饮压惊了。我怕你妈妈着急发病，昨日一日瞒着没有报告，今朝我从医院出来，写了一封快信，又叫那两个淘气精各写一封去，大约你妈妈明天早车也要来看他们了。内中还把一个徽音也急死了，也饿着守了大半天（林家全家也跟着我们饿），如今大家都欢喜了。你二叔说，若使上帝告诉我们，说你的孩子总要受伤，伤什么地方听你自择，我们只有说是请伤这里，因为除此以外，无论伤那里，都是不了。我们今天去踏察他们遇险的地方，只离一寸多，便是几块大石头，若碰着头部真是万无生理。我们今天在六部口经过，见一个死尸横陈，就是昨天下午汽车碰坏的人，至今还没殡殓，想起来真惊心动魄。今年正月初二，我一出门遇着那么一个大险，这回更险万倍，到底皆逢凶化吉，履险如夷，真是微天之幸。我本来不打算告诉你，因为《晨报》将情形登出，怕你一见吓倒，所以详细写这封信。我今日已经打了二十多圈牌了，我两三日后仍回西山，我在那里住的舒服极了（每日早起又不饮酒）。

爹爹　阳历五月八日

旧历三月廿三日

致梁思顺书

1923 年 5 月 11 日

宝贝思顺：

你看第一封信，吓成怎么样？我叫思成亲自写几个字安慰你，你接到没有？思永现已出院了，思成大概还要住院两月。汝母前日入京抚视他们，好在他们都已复原，所以汝母并未着急。汝母恨极金永炎，亲自入总统府见黄陂诘责之。其后金某来院慰问，适值汝母在，大大教训他一场。金某实在可恶，将两个孩子碰倒在地，连车也不下，竟自扬长而去，一直过了两日，连名片也没有一张来问候。初时我们因救命要紧，没有闲工夫和他理论，到那天晚上，惊魂已定，你二叔方大发雷霆，叫警察拘传司机人，并扣留其汽车。随后像有许多人面责金某，渠始来道歉。初次派人差片来院问候，被我教斥一番，第三日始亲来。汝二叔必欲诉诸法庭，汝母亦然；但此事责任仍在司机人，坐车人不过有道德责任而已。我见人已平安，已经心满意足，不欲再与闹。惟汝母必欲见黎元洪，我亦不阻止，见后黎极力替赔一番不是，汝母气亦平了，不致生病，亦大好事也。思成今年能否出洋，尚是一问题，因不能赶大考也（现商通融办法），但迟一年亦无甚要紧耳。我现课彼在院中读《论语》、《孟子》、《资治通鉴》，利用这时候多读点中国书也很好。前两天我去看他们，思永嘴不能吃东西，思成便大嚼大啖去气他。思成腿不能动，思永便大跳大舞去气他。真顽皮得岂有此理。这回小小飞灾，很看出他们弟兄两个勇敢和肫挚的性质，我很喜欢。我昨日已返西山著我的书了。今晨天才亮便已起，现在是早上九点钟，我已成了二千多字，等一会蹇七叔们就要来（今日礼拜六）和我打牌子。

爹爹 五月十一日

翠微山秘魔岩

致梁思成书
1923 年 5 月

父示思成：

吾欲汝以在院两月中取《论语》、《孟子》，温习暗诵，务能略举其辞，尤于其中有益修身之文句，细加玩味。次则将《左传》、《战国策》全部浏览一遍，可益神智，且助文采也。更有余日读《荀子》则益善。各书可向二叔处求取。《荀子》颇有训诂难通者，宜读王先谦《荀子集解》。可令张明去藻玉堂老王处取一部来。

爹爹

致梁思成书

1923 年 7 月 26 日

　　汝母归后说情形，吾意以迟一年出洋为要，志摩 ① 亦如此说，昨得君劢书，亦力以为言。盖身体未完全复元，旅行恐出毛病，为一时欲速之念所中，而贻终身之戚，甚不可也。人生之旅历途甚长，所争决不在一年半月，万不可因此着急失望，招精神上之萎畏。汝生平处境太顺，小挫折正磨练德性之好机会，况在国内多预备一年，即以学业论，亦本未尝有损失耶。吾星期日或当入京一行，届时来视汝。

　　　　　　　　　　　　　　　　　　　　爹爹　七月二十六日

————————————

① 志摩：即诗人徐志摩。

致梁思顺书

1923 年 7 月 26 日

宝贝思顺：

　　一个多月不得你的信，我和你母亲都有点着急了。你不是有病吧？思成还要十日后方能出院。我决意叫他迟一年出洋。总之，须把身子完全复元才可旅行。谅来你也同意。我回津将近一月了。现在南开讲演，家中大小都好。

爹爹

致梁思顺书

1923 年 8 月 1 日

宝贝思顺：

　　得复电，大慰。我因久不得汝信，神经作用无端疑汝有病耳。昨日在南开讲毕，思永、思忠留校中听别人讲演。我独携思庄去吃大餐。随后你妈妈把思达、思懿带来，吃完后五个人坐汽车兜圈子到马厂一带，把几位小孩子欢喜到了不得。你妈妈说，我居然肯抛弃书桌上一点钟工夫，作此雅游，真是稀奇。我和思庄说，明年姐姐回来，我带着你们姊妹去逛地方，不带男孩子了。庄、懿都拍掌说，哥哥们太便宜了，让他们关在家里哭一回。思达说他要加入女孩子团体，思庄已经答应他了。我今日起得甚早，随意写几句告诉你。

爹爹　八月一日

致梁思顺书

1923 年 11 月 5 日

宝贝思顺：

　　昨日松坡图书馆成立，（馆在北海快雪堂地方好极了，你还不知道呢，我每来复四日住清华三日住城里，入城即住馆中。）热闹了一天。今天我一个人独住在馆里，天阴雨，我读了一天的书，晚间独酌醉了，（好孩子别要着急，我并不怎么醉，酒亦不是常常多吃的。）书也不读了。和我最爱的孩子谈谈罢，谈什么，想不起来了。哦，想起来了。你报告希哲在那边商民爱戴的情形，令我喜欢得了不得。我常想，一个人要用其所长（人才经济主义）。希哲若在国内混沌社会里头混，便一点看不出本领，当领事真是模范领事了。我常说天下事业无所谓大小，（士大夫救济天下和农夫善治其十亩之田所成就一样。）只要在自己责任内，尽自己力量做去，便是第一等人物。希哲这样勤勤恳恳做他本分的事，便是天地间堂堂地一个人，我实在喜欢他。好孩子，你气不分弟弟妹妹们，希哲又气不分你，有趣得很，（你请你妈妈和我打弟弟们替你出气，你妈妈给思成们的信帮他们，他们都拍手欢呼胜利，我说我帮我的思顺，他们淘气实在该打。）平心而论，爱女儿哪里会不爱女婿呢，但总是间接的爱，是不能为讳的。徽音我也很爱她，我常和你妈妈说，又得一个可爱的女儿。但要我爱她和爱你一样，终究是不可能的。我对于你们的婚姻，得意得了不得，我觉得我的方法好极了，由我留心观察看定一个人，给你们介绍，最后的决定在你们自己，我想这真是理想的婚姻制度。好孩子，你想希哲如何，老夫眼力不错罢。徽音又是我第二回的成功。我希望往后你弟弟妹妹们个个都如此。（这是父母对于儿女最后的责任。）我希望普天下的婚姻都像我们家孩子一样，唉，但也太费心力了。像你这样有恁么多弟弟妹妹，老年心血都会被你们绞尽了，你们两个大的我所尽力总算成功，但也是各人缘法侥幸碰着，如何能确有把握呢？好孩子，你说我往后还是少管你们闲事好呀，还是多操心呢？你妈妈在家寂寞得很，常和我说放暑假时候很高兴，孩子们都上学便闷得慌，这也是没有法的事。像我这样一个人，独处一年我也不闷，因为我做我的学问便已忙不过来；但天下人能有几个像我这种脾气呢？王姑娘近来体气大坏（因为你那两个殇弟产后缺保养），我很担心，他也是我们家庭极重要的人物。他很能伺候我，分你们许多责任，你不妨常常写些信给他，令他欢喜。我本来答应过庄庄，明年暑假绝对不讲演，带着你们顽一个夏天。但前几天我已经答应中国公学暑期学校讲一月了。（他们苦苦要我去，我耳朵软答应了。）我明春要到陕西讲演一个月，你回来的时候还不知我在家不呢，酒醒了不谈了。

耶告　十一月五日

这两个字是王右军给儿女信札的署名法。

梁 启 超 家 书

一九二五年家书

致梁思顺、梁思庄书

1925 年 4 月 17 日

宝贝思顺、小宝贝庄庄：

　　你们走后，我很寂寞。当晚带着忠忠听一次歌剧，第二日整整睡了十三个钟头起来，还是无聊无赖，几次往床上睡，被阿时、忠忠拉起来，打了几圈牌，不到十点又睡了，又睡十个多钟头。

　　思顺离开我多次了，所以倒不觉怎样；庄庄这几个月来天天挨着我，一旦远行，我心里着实有点难过。但为你成就学业起见，不能不忍耐这几年。

　　庄庄跟着你姊姊，我是十二分放心了；但我十五日早晨吩咐你那几段话，你要常常记在心里，等到再见我时，把实行这话的成绩交还我，我便欢喜无量了。

　　我昨天闷了一天，今日已经精神焕发，和你七叔讲了一会书，便着手著述，已成二千多字。现在十一点钟，要睡觉了，趁砚台上余墨写这两纸寄你们。你们在日本看过什么地方？寻着你们旧游痕迹没有？在船上有什么好玩（小斐儿曾唱歌否）？我盼望你们用日记体写出，详细寄我（能出一份《特国周报》临时增刊尤妙）。我打算礼拜一入京，那时候你们还在上海呢。在京至多十日便回家，决意在北戴河过夏，可惜庄庄不能跟着，不然当得许多益处。祝你们一路安适，两个礼拜后我就盼你们电报，四个礼拜后就会得你们温哥华来信，内中也许夹着有思成、思永信了。

爹爹　十七晚

致梁思顺书

1925 年 5 月 1 日

顺儿：

神户信收到，一两天内又当得横滨信了。你们在日本那几天，我恰在北京，在京忙得要死，号称看花，却没有看成，只有一天六点钟起身，到广惠寺去，顺便也对畿辅先哲祠的海棠、法源寺的丁香，飞一个片子，算是请安拜会。

灵柩瓷灰已上过了，现在就上光漆，大约一月内完功了。

小六北京银行支店事已定，大约先拨资本十万至十五万，交他全权办理。

你七叔昨日已回家去了，因为我想他快点回来，跟我到北戴河，所以叫他早点去。家里越发清静了，早饭就只三个人一桌。

思永有两封信来，一封是因为你不肯饶徽音，求我劝你，说得很恳切，现在已不成问题，不给你看了。一封是不主张吴文藻①，说他身体弱，也不便给你看，你们见面总会谈到了。林宗孟说思成病过一场（说像是喉症），谅来他是瞒着家里，怕我忧心，但我总要你见着他面，把他身体实在情形报告我，我才真放下心哩。瞻儿的字叫他好生写，别要辜负美材。桂儿能在暑假内叫他读《论语》最好。

斐儿有什么特别顽意，报告我博千里一笑。

贵亲家越发淘气了，穿着夹衣跳趮得多成天价笑，满嘴乱说。再过一个

---

① 吴文藻：江苏江阴人，中国著名社会学家、人类学家、民族学家。吴文藻先生是中国社会学、人类学和民族学本土化、中国化的最早提倡者和积极实践者。妻子为著名作家冰心。

月，等我把他剥得精光照幅相寄你们。

爹爹　五月一日

我现在起得极早。

保险公司款已还一万。

致梁思顺、梁思成、梁思永书
1925 年 5 月 9 日

　　五月七日正午接到温哥华安电，十分安慰。六日早晨你妈妈说是日晚上六点钟才能到温，到底是不是？没出息的小庄庄，到底还晕船没有？你们到温那天，正是十五，一路上看着新月初升直到圆时，谅来在船上不知蹭了多少次"江上何人初见月，江月何年照初人"了。我晚上在院子里徘徊，对着月想你们，也在这里唱起来，你们听见没有？

　　我多少年不做诗了，君劢的老太爷做寿，我忽然高兴做了一首五十五韵的五言长古，极其得意，过两天抄给你们看。

　　我近来大发情感，大做其政论文章，打算出一份周报，附在"时"、"晨"两报①送人看，大约从六月初旬起便发印。到我要讲的话都讲完，那周报也便停止，你们等着看罢。

　　我前几天碰着一件很窘的事——当你们动身后，我入京时，所谓善后会议者正在闭会。会议的结果，发生所谓宪法起草会者，他们要我做会长。由林叔叔来游说我，我已经谢绝，以为无事了。不料过了几天，合肥派姚震②带了一封亲笔信来，情词恳切万分。那姚震哀求了三个钟头，还说执政说："一次求不着，就跑两次、三次、五次天津，□□要答应才罢。"吾实在被他磨不过，为情感所动，几乎松口答应了。结果只得说容我考虑考虑，一礼拜回话。我立刻写信京、沪两处几位挚友商量，觉得不答应便和绝交一样，意欲稍为迁就。到第二天平旦之气一想，觉得自己糊涂了，决定无论如何非

---

　　① "时""晨"两报：即《时事新报》《晨报》。
　　② 姚震：安徽贵池人。早年留学日本，毕业于日本私立第一学府稻田大学。

拒绝不可。果然隔一天京中的季常、宰平①、崧生②、印昆、博生，天津的丁在君③一齐反对，责备我主意游移，跟着上海的百里④、君劢、东荪⑤来电来函，也是一样看法，大家还大怪宗孟⑥，说他不应该因为自己没有办法，出这些鬼主意，来拖我下水。现在我已经有极委婉而极坚决的信向段谢绝了。以后或者可以不再来麻烦。至于交情呢，总不能不伤点，但也顾不得了。

政局现有很摇动的样子。奉天新派五师入关，津浦路从今日起又不通了。但依我看，一、二个月内还不会发生什么事，早则八月，迟则十月，就难保了。

忠忠也碰着和我所遭相类的事。你二叔今日来的快信，寄给你们看。信中所讲那陈某我是知道的，纯然是一个流氓，他那个女孩也真算无耻极了。我得着你二叔信，立刻写了一千多字的信严重告诫忠忠。谅来这孩子不致被人拐去，但你们还要随时警告他。因为他在你们弟兄姐妹中性情是最流动的，你妈妈最不放心也是他。

思永要的书，廷灿今日寄上些，当与这信前后到。

思成身子究竟怎么样？思顺细细看察，和我说真实话。

成、永二人赶紧各照一相寄我看看。我本来打算二十后就到北戴河去，但全国图书馆协会月底在京开成立会，我不能不列席，大约六月初四、五始能成行。

---

① 宰平：即林志钧，字宰平，福建闽县人。林志钧与沈钧儒同为癸卯科举人，辛亥革命前留学日本。曾任北洋政府司法行政部部长，后为清华研究院导师，中华人民共和国成立后为国务院参事室参事。林志钧先生为闽派著名诗人、法学家和哲学巨擘。

② 崧生：即刘崇佑，号崧生，侯官县人。毕业于明治法政学堂，人称"双榜举人"。

③ 丁在君：即丁文江，字在君。1911年9月应京师学部留学生考试，他与中国早期地质事业创始人章鸿钊相识。

④ 百里：即蒋方震，字百里，又号澹宁，浙江海宁人。中国近代杰出的军事理论家。其代表作《国防论》凝聚着他一生军事著作的精华。

⑤ 东荪：即张东荪，原名万田，字东荪，曾用笔名"圣心"，晚年自号"独宜老人"。现代哲学家、政治活动家、政论家、报人。

⑥ 宗孟：即林长民，幼名则泽，字宗孟，福建福州人。清末翰林林孝恂之子，才女林徽音的父亲，烈士林觉民的堂兄。

致梁思顺、梁思成、梁思永、梁思庄书
1925 年 5 月 11 日

我昨晚又作一首诗给姚胖子①五十寿，做得好顽极了，过两天我一齐写好给小宝贝庄庄。我近日精神焕发，什么事都做得有趣。

---

① 姚胖子：即姚华，字重光，号茫父。戊戌变法时东渡日本，就读于法政大学。归国后改任邮传部船政司主事兼邮政司科长。入民国后，任贵州省参议院议员，后任北京女子师范大学校长。

致孩子们书

1925 年 7 月 10 日

孩子们：

我像许久没有写信给你们了。但是前几天寄去的相片，每张上都有一首词，也抵得过信了。

今天接着大宝贝五月九日，小宝贝五月三日来信，很高兴。那两位"不甚宝贝"的信，也许明后天就到罢？

我本来前十天就去北戴河，因天气很凉，索性等达达放假才去。他明天放假了，却是还在很凉。一面张、冯开战消息甚紧，你们二叔和好些朋友都劝勿去，现在去不去还未定呢。

我还是照样的忙，近来和阿时、忠忠三个人合作做点小顽意儿，把他们做得兴高采烈。我们的工作多则一个月，少则三个礼拜，便做完。做完了，你们也可以享受快乐。你们猜猜干些什么？

庄庄，你的信写许多有趣话告诉我，我喜欢极了。你往后只要每水船都有信，零零碎碎把你的日常生活和感想报告我，我总是喜欢的。我说你"别要孩子气"，这是叫你对于正事——如做功课，以及料理自己本身各事等——自己要拿主意，不要依赖人。至于做人带几分孩子气，原是好的。你看爹爹有时还有"童心"呢。

你入学校还是在加拿大好。你三个哥哥都受美国教育，我们家庭要变"美国化"了！我很望你将来不经过美国这一级，（也并非一定如此，还要看环境的利便。）便到欧洲去，所以在加拿大预备像更好。稍旧一点的严正教育，受了很有益，你还是安心入加校罢。至于未能立进大学，这有什么要紧，"求学问不是求文凭"，总要把墙基越筑得厚越好。你若看见别的同学都入大学，便自己着急，那便是"孩子气"了。

思顺对于徽音感情完全恢复，我听见真高兴极了。这是思成一生幸福关键所在，我几个月前很怕思成因此生出精神异动，毁掉了这孩子，现在我完全放心了。思成前次给思顺的信说："感觉着做错多少事，便受多少惩罚，非受完了不会转过来。"这是宇宙间惟一真理，佛教说的"业"和"报"就是这个真理，（我笃信佛教，就在此点，七千卷《大藏经》也只说明这点道理。）凡自己造过的"业"，无论为善为恶，自己总要受"报"，一斤报一斤，一两报一两，丝毫不能躲闪，而且善和恶是不准抵消的。佛对一般人说轮回，说他（佛）自己也曾犯过什么罪，因此曾入过某层地狱，做过某种畜生，他自己又也曾做过许多好事，所以亦也曾享过什么福。……如此，恶业受完了报，才算善业的账，若使正在享善业的报的时候，又做些恶业，善报受完了，又算恶业的账，并非有个什么上帝做主宰，全是"自业自得"，又并不是像耶教说的"到世界末日算总账"，全是"随作随受"。又不是像耶教说的"多大罪恶一忏悔便完事"，忏悔后固然得好处，但曾经造过的恶业，并不因忏悔而灭，是要等"报"受完了才灭。佛教所说的精理，大略如此。他说的六道轮回等等，不过为一般浅人说法，说些有形的天堂地狱，其实我们在一生中不知经过多少天堂地狱。即如思成与徽音，去年便有几个月在刀山剑树上过活！这种地狱比城隍庙十王殿里画出来还可怕，因为一时造错了一点业，便受如此惨报，非受完了不会转头。倘若这业是故意造的，而且不知忏悔，则受报连绵下去，无有尽时。因为不是故意的，而且忏悔后又造善业，所以地狱的报受毅之后，天堂又到了。若能绝对不造恶业（而且常造善业——最大善业是"利他"），则常住天堂（这是借用俗教名词）。佛说是"涅槃"（涅槃的本意是"清凉世界"）。我虽不敢说常住涅槃，但我总算心地清凉的时候多，换句话说，我住天堂时候比住地狱的时候多，也是因为我比较的少造恶业的缘故。我的宗教观、人生观的根本在此，这些话都是我切实受用的所在。因思成那封信像是看见一点这种真理，所以顺便给你们谈谈。

思成看着许多本国古代美术，真是眼福，令我羡慕不已，甲胄的扣带，我看来总算你新发明了（可得奖赏）。或者书中有讲及，但久已没有实物来证明。

昭陵石马怎么会已经流到美国去，真令我大惊！那几只马是有名的美术品，唐诗里"可要昭陵石马来，昭陵风雨埋冠剑，石马无声蔓草寒"，向来诗人讴歌不知多少。那些马都有名字，——是唐太宗赐的名，画家雕刻家都有名字可考据的。我所知道的，现在还存四只，（我们家里藏有拓片，但太大，无从裱，无从挂，所以你们没有看见。）怎么美国人会把它搬走了！若在别国，新闻纸不知若何鼓噪，在我们国里，连我怎么一个人，若非接你信，还连影子都不晓得呢。可叹，可叹！

希哲既有余暇做学问，我很希望他将国际法重新研究一番，因为欧战以后国际法的内容和从前差得太远了。十余年前所学现在只好算古董，既已当外交官，便要跟着潮流求自己职务上的新智识。还有中国和各国的条约全文，也须切实研究。希哲能趁这个空闲做这类学问最好。若要有汉文的条约汇纂，我可以买得寄来。

和思顺、思永两人特别要说的话，没有什么，下次再说罢。

思顺信说："不能不管政治"，近来我们也很有这种感觉。你们动身前一个月，多人疑议也就是这种心理的表现。现在除我们最亲密的朋友外，多数稳健分子也都拿这些话责备我，看来早晚是不能袖手的。现在打起精神做些预备工夫，（这几年来抛空了许久，有点吃亏。）等着时局变迁再说罢。

……

老 Baby[①] 好顽极了，从没有听见哭过一声，但整天的喊和笑，也很觳他的肺开张了。自从给亲家收拾之后，每天总睡十三、四个钟头，一到八点钟，什么人抱他，他都不要，一抱他，他便横过来表示他要睡，放在床上爬几爬，滚几滚，就睡着了。这几天有点可怕，——好咬人，借来磨他的新牙，老郭每天总要他几口。他虽然还不会叫亲家，却是会填词送给亲家，我问他"是不是要亲家和你一首？"他说"得、得、得，对、对、对。"夜深了，不和你们玩了，睡觉去。

前几天填得一首词，词中的寄托，你们看得出来不？

爹爹 七月十日

---

① 老 Baby：即梁思礼，梁启超之子。火箭系统控制专家，中国导弹控制系统研制创始人之一。

浣溪沙

端午后一日夜坐

乍有官蛙闹曲池；
更堪鸣砌露蛩悲！
隔林辜负月如眉。

坐久漏签催倦夜，
归来长簟梦佳期，
不因无益废相思。
（李义山诗："直道相思了无益。"）

致孩子们书

1925 年 8 月 3 日

对岸一大群可爱的孩子们：

我们来北戴河已两星期了，这里的纬度和阿图利差不多。来后刚碰着雨季，天气很凉，穿夹的时候很多，舒服得很，但下起雨来，觉得有些潮闷罢了。

我每天总是七点钟以前便起床，晚上睡觉没有过十一点以后，中午稍为憩睡半点钟。酒没有带来，故一滴不饮。天晴便下海去，每日多则两次，少则一次。散步时候也很多，脸上手上都晒成黑漆了。

本来是来休息，不打算做什么功课，但每天读的书还是不少，著述也没有间断。每天四点钟以后便打打牌，和"老白鼻"顽顽，绝不用心。所以一上床便睡着，从没有熬夜的事。

我向来写信给你们都是在晚上，现在因为晚上不执笔，所以半个月竟未曾写一封信，谅来忠忠们去的信也不少了。

庄庄跟着驼姑娘补习功课，好极了，我想不惟学问有长进，还可以练习许多实务，我们听见都喜欢得了不得。

庄庄学费每年七百美金便觳了吗？今年那份，我回去替他另折存储起来。今年家计总算很宽裕，除中原公司外，各种股份利息都还照常。执政府每月八百元夫马费，已送过半年，现在还不断。商务印书馆售书费两节共收到将五千元。从本月起清华每月有四百元。预计除去各种临时支出——如办葬事，修屋顶，及寄美洲千元等——之外，或者尚有敷余，我便将庄庄这笔提出。（今年不用，留到他留学最末的那年给他。）便是达达、司马懿^①、

---

① 司马懿：梁启超对梁思懿的戏称。

六六^①的游学费，我也想采纳你的条陈，预早（从明年）替他们贮蓄些，但须看力量如何才来定多少。至于老白鼻那份，我打算不管了，到他出洋留学的时候，他有恁么多姊姊哥哥，还怕供给他不起吗？

坟园工程已择定八月十六日动工了，一切托你二叔照管。昨天正把图样工料价格各清单寄来商量。若坟内用石门四扇，（双圹，连我的生圹合计。）则共需千二百余元（连围墙工料在内）；若不用石门，只用砖墙堵住洞口，则六百余元便彀。我想四围用"塞门德"灰泥，底下用石床，洞口用砖也彀坚固了。四扇石门价增一倍，实属糜费，已经回信你二叔不用石门了。（如此则连买地葬仪种种合计二千元尽彀了。）你们意思如何？若不以为然，可立即回信，好在葬期总在两个月后，便加增也来得及。

我打算做一篇小小的墓志铭，自作自写，埋在圹中，另外请陈伯严先生做一篇墓碑文，请姚茫父写，写好藏起，等你们回来后才刻石树立。因为坟园外部的工程，打算等思成回来布置才好。

现在有一件事和希哲、思顺商量：我们现在北戴河借住的是章仲和的房子，他要出卖，索价万一千，大约一万便可得。他的房子在东山，据说十亩有零的面积。但据我们看来像不止此数。房子门前直临海滨，地点极好，为海浴计，比西山好多了。西山那边因为中国人争买，地价很高，（东山这边都是外国人房子，中国人只有三家。）靠海滨的地，须千元以上一亩，还没有肯让。仲和这个房子，工料还坚固，可住的房子有八间，开间皆甚大。若在现时新建，只怕六千元还盖不起。家具也齐备坚实，新置恐亦须千五百元以上。现在各项虽旧，最少亦还有十多年好用。若将房子家具作五千元计，那么地价只合五千元，合不到五百元一亩，总算便宜极了。我想我们生活根据地既在京津一带，北戴河有所房子，每年来住几个月，（仲和初买来时费八千元，现在他忙着钱用，所以要卖，将来地价必涨，我们若转卖也不致亏本。）于身体上精神上都有益。所以我很想买他。但现在家计情形勉强对付，五千元认点利息也还可以，一万元便太吃力了。所以想和你们打伙平分，你们若愿意，我便把他留下。

---

① 六六：梁启超对梁思宁的称呼。

房子在高坡上，须下三十五级阶石才到平地。那平地原有一个打球场，面积约比我们天津两院合计一样大。我们买过来之后，将来若有余钱，可以在那里再盖一所房子。思成回来便可以拿做试验品。我想思成、徽音听见一定高兴。

瞻儿有人请写对子，斐儿又会讲书，真是了不得，照这样下去，不久就要比公公学问还高了。你们要什么奖品呢？快写信来，公公就寄去。

达达快会凫水了，做三姊的若还不会，仔细他笑你哩！

老白鼻来北戴河，前几天就把"鸦片烟"戒了，一声也没有哭过，真是乖。但他至今还不敢下海，大约是怕冷罢。

三姊白了许多，小白鼻红了许多，老白鼻却黑了许多了。昨天把秃瓜瓜越发剃得秃。三姊听见又要怄气了。今天把亲家送的丝袜穿上，有人问他"亲家送的袜子"，他便卷起脚来，他这几天学得专要在地下跑（扶着我的手杖充老头），恐怕不到两天便变成泥袜了。

现在已到打牌时候，不写了。

爹爹　八月三日

思成、思永到底来了没有，若他们不能越境，连我也替你们双方着急。

致梁思顺书

1925 年 8 月 12 日

思顺:

到北戴河后已接你三封信了，我的去信实在较少，但也有好几封，想近日都陆续接到了。达达他们实在懒，但我知道他们常常把信写起，过一会总却寄也就算了。初次接到你信说没有蔬菜吃，他们曾每人画一幅——萝卜白菜之类，说送给你们到底寄去没有。

思成、思永学校里都把分数单寄到，成绩好极了，今转寄给你看，我自然要给奖品，你这老姊姊也该给点才好。

坟园已动工，二叔来两信寄阅，增百元将该地全买妙极，石门所费既加增有限，已复书仍用之，亦令你们心里较安也。

北戴河房子我实在爱他不过，已决定买了。你若有力搭伙，则我将此间留支薪俸扣用，若你们也等钱用，则再将保险单押款买下亦得。现已调查清楚，此房若在今日建筑，非万金不办。（大开间住房八间，小屋四间，下房、厨房、浴房等七间，全部石墙脚），家具新置亦须三千，外地则有十八亩，若以西山滨海地价计，须万八千也。现在有人要抢，我已电上海告仲和为我留下矣。此地四时皆可居，我退老后极欲常住此也。

别的话在成、永、庄信上说了，不多说罢。

爹爹　八月十二日

阿时们要出一张《特国周报》的老白鼻特号，说了许久，竟没有出来，我已经限期即出了。

致孩子们书

1925 年 9 月 13 日

孩子们：

前日得思成八月十三日，思永十二日信，今日得思顺八月四日及十二日两信，庄庄给忠忠的信也同时到，成、永此时想已回美了，我很着急，不知永去得成去不成，等下次信就揭晓了。

我搬到清华已经五日了（住北院教员住宅第二号）。因此次乃自己租房住，不受校中供应，王姑娘又未来（因待送司马懿入学），廷灿又围困在广东至今未到，我独自一人住着不便极了。昨天大伤风（连夜不甚睡得着），有点发烧，想洗热水澡也没有，找如意油、甘露茶也没有，颇觉狼狈，今日已渐好了。王姨大约一、二日也来了，以后便长住校中，你们来信可直寄此间，不必由天津转了。

校课甚忙——大半也是我自己找着忙——我很觉忙得有兴会。新编的讲义极繁难，费的脑力真不少。盼望老白鼻快来，每天给我舒散舒散。

葬期距今仅有二十天了。你二叔在山上住了将近一月，以后还须住一月有奇，住在一个小馆子内，菜也吃不得，每天跑三十里路，大烈日里在坟上监工。从明天起搬往香山见心斋住（稍为舒服点），但离坟更远，跑路更多了。这等事本来是成、永们该做的，现在都在远，忠忠又为校课所迫，不能效一点劳，倘若没有这位慈爱的叔叔，真不知如何办得下去。我打算到下葬后，叫忠忠们向二叔磕几头叩谢。你们虽在远，也要各各写一封信，恳切陈谢（庄庄也该写），谅来成、永写信给二叔更少。这种子弟之礼，是要常常在意的，才算我们家的乖孩子。

厨子事等王姨来了再商量。现在清华电灯快灭了，我试上床去，看今晚睡得着不。晚饭后用脑，便睡不着，奈何、奈何。

爹爹　九月十三日

致孩子们书

1925 年 9 月 14 日

　　《后汉书》等本已在上海买妥，因叶领事已行不及托带，当即令补寄并补上所需各书。

　　相片照得模糊，看了不过瘾（为什么没有斐儿在内），我盼望下次信到便有你们弟兄姊妹合照的美妙相片，庄庄真是白了许多吗?

爹爹　十四日

致梁思顺、梁思成、梁思永、梁思庄书

1925 年 9 月 29 日

顺、成、永、庄：

　　我昨日用一日之力，做成一篇告墓祭文，把我一年多蕴积的哀痛，尽情发露。顺儿啊，我总觉得你妈妈这个怪病，是我们打那一回架打出来的。我实在哀痛至极，悔恨至极，我怕伤你们的心，始终不忍说，现在忍不住了，说出来也像把自己罪过减轻一点。我经过这几天剧烈的悲悼，以后便刻意将前事排去，决不更伤心，你们放心罢。

　　祭文本来该焚烧的，我想读一遍，你妈妈已经听见，不如将稿交你保存（将来可装成手卷）。你和庄庄读完后，立刻钞一份寄成、永传观，（《晨报》已将稿钞去，如已登出，成、永便得见，不必再钞了。十月三日补写。）过些日子我有空还打算另写一份寄思成。葬礼一切都预备完成了。王姨今日晚车返天津，把达达们带来。十五清晨行周忌祭礼，十点钟发引，忠忠一人扶柩，我们都在山上迎接。在山上住一夜，十六日八点钟安葬。

爹爹　九月廿九日

致梁思顺、梁思成、梁思永、梁思庄书

1925 年 10 月 3 日

爱儿思顺、思成、思永、思庄：

　　葬礼已于今日（十月三日，即旧历八月十六日）上午七点半钟至十二点钟止，在哀痛庄严中完成了。

　　葬前在广惠寺作佛事三日。昨晨八点钟行周年祭礼，九点钟行移灵告祭礼，九点二十分发引，从两位舅父及姑丈起，亲友五六十人陪我同送到西便门（步行），时已十一点十分（沿途有警察照料），我们先返，忠忠、达达扶柩赴墓次。二叔先在山上预备迎迓（二叔已半月未下山了）。我回清华稍憩，三点半钟带同王姨、懿、宁、礼赴墓次。直至日落时忠等方奉柩抵山。我们在甘露旅馆一宿，思忠守灵，小六、煜生陪他一夜。有警察四人值夜巡逻，还有工人十人自告奋勇随同陪守。

　　今晨七点三十五分移灵入圹。从此之后，你妈妈真音容永绝了。全家哀号，悲恋不能自胜，尤其是王姨，去年产后，共劝他节哀，今天尽情一哭，也稍抒积痛。三姑也得尽情了。最可怜思成、思永，到底不能毂凭棺一恸。人事所限，无可如何，你们只好守着遗像，永远哀思罢了。我的深痛极恸，今在祭文上发泄，你们读了便知我这几日间如何情绪。下午三点钟我回到清华。现在虽余哀未忘，思宁、思礼们已嬉笑杂作了。唐人诗云："纸灰飞作白蝴蝶，血泪染成红杜鹃。日落狐狸眠冢上，夜归儿女笑灯前。"真能写出我此时实感。

　　昨日天气阴霾，正很担心今日下雨，凌晨起来，红日杲杲，始升葬时，天无片云，真算大幸。

　　此次葬礼并未多通告亲友，然而会葬者竟多至百五六十人。各人皆黎明从城里乘汽车远来，汽车把卧佛寺前大路都挤满了。祭席共收四十余桌，送到山上的且有六桌之多，盛情真可感。

你们二叔的勤劳，真是再没有别人能学到了。他在山上住了将近两个月，中间仅入城三次，都是或一宿而返，或当日即返，内中还开过六日夜工，他便半夜才回寓。他连椅子也不带一张去，终日就在墓次东走走西走走。因为有多方面工程他一处都不能放松。他最注意的是圹内工程，真是一砖一石，都经过目，用过心了。我窥他的意思，不但为妈妈，因为这也是我的千年安宅，他怕你们少不更事，弄得不好，所以他趁他精力尚壮，对于他的哥哥尽这一番心。但是你们对于这样的叔叔，不知如何孝敬，才算报答哩。今天葬礼完后，我叫忠忠、达达向二叔深深行一个礼，谢谢二叔替你们姐弟担任这一件大事。你们还要每人各写一封信叩谢才好。

我昨日到清华憩息时，刚接到你们八月三十日来信。信上说起工程的那几句话，那里用着你们耽心，二叔早已研究清楚了。他说先用塞门特①不好，要用塞门特和中国石灰和和做成一种新灰，再用石卵或石末或细砂来调，（某处宜用石卵，某处宜用细砂，我也说不清楚，但你二叔讲起来如数家珍。）砖缝上一点泥没有用过，都是用他这种新灰，冢内圹虽用砖，但砖墙内尚夹有石片砌成的圹，石坛都用新灰灌满，圹内共用新灰原料，专指塞门特及石灰，所调之砂石等在外，一万二千余斤。二叔说算是全圹熔炼成一整块新石了。开穴入地一丈三尺，圹高仅七尺，圹之上培以新灰炼石三尺，再培以三尺普通泥土，方与地平齐。二叔说圹外工程随你们弟兄自出心裁，但他敢保任你们要起一座大塔，也承得住了。据我看果然是如此。

圹内双冢，你妈妈居右，我居左。双冢中间隔以一墙，墙厚二尺余，即由所谓新灰炼石者制成。墙上通一窗，丁方尺许。今日下葬后，便用浮砖将窗堵塞。二叔说到将来我也到了，便将那窗的砖打开，只用红绸蒙在窗上。合葬办法原有几种：（一）是同一冢，内置两石床。这是同时并葬乃合用。既分先后，则第二次葬时恐伤旧冢，此法当然不适用。（二）是同一坟园分造两冢。但此已乖同穴之义，我不愿意。（三）便是现今所用两冢同一圹，中隔以一墙。第二次葬时旧冢一切不劳惊动，这是再好不过了。还有一件是你二叔自出意匠：他在双冢前另辟一小院子，上盖以石板，两旁用新灰

---

① 塞门特：即水门汀，也就是水泥，有时也指混凝土。

炼石，墙前面则此次用砖堵塞，如此则今次封圹之后，泥土不能侵入左冢，将来第二次葬时将砖打开，葬后再用新灰炼石造一墙，便千年不启。你二叔今日已将各种办法，都详细训示思忠。因为他说第二次葬时，不知他是否还在，即在也怕老迈不能经营了。所以要你们知道，而且遵守他的计画。他过天还要画一圹内的图，将尺寸说明，预备你们将来开圹行第二次葬礼时用。你们须留心记着，不可辜负二叔两个月来心血。

工程坚美而价廉，亲友参观者无不赞叹。盖因二叔事事考究，样样在行，工人不能欺他，他又待工人有恩礼，个个都感激他，乐意出力。他说从前听见罗素说：中国穿短衣服的农人、工人，个个都有极美的人生观。他前次不懂这句话怎么解，现在懂得了。他说，住在都市的人都是天性已漓。他这两个月和工人打伙，打得滚热，才懂得中国的真国民性。我想二叔这话很含至理，但非其人，也遇着看不出罢了。

二叔说他这两个月用他的科学智识和工人的经验合并起来，新发明的东西不少，建筑专门家或者还有些地方要请教他哩。思成你写信给二叔，不妨提提这些话，令他高兴。二叔当你妈妈病时，对于你很有点呕气，现在不知气消完了没有。你要趁这机会，大大的亲热一下，令他知道你天性未漓，心里也痛快。你无论功课如何忙，总要写封较长而极恳切的信给二叔才好。

我的祭文也算我一生好文章之一了。情感之文极难工，非到情感剧烈到沸点时，不能表现他（文章）的生命，但到沸点时又往往不能作文。即如去年初遭丧时，我便一个字也写不出来。这篇祭文，我做了一天，慢慢吟哦改削，又经两天才完成。虽然还有改削的余地，但大体已很好了。其中有几段，音节也极美，你们姊弟和徽音都不妨熟诵，可以增长性情。

昨天得到你们五个人的杂碎信，令我于悲哀之中得无限欢慰。但这封信完全讲的葬事，别的话下次再说罢。我也劳碌了三天，该早点休息了。

十月三日　旧八月十六日

致梁思成书
1925 年 12 月 27 日

今天报纸上传出可怕的消息，我不忍告诉你，又不能不告诉你，你要十二分镇定着，看这封信和报纸。

我们总还希望这消息是不确的，我见报后，立刻叫王姨入京，到林家探听，且切实安慰徽音的娘，过一两点他回来，或者有别的较好消息也不定。

林叔叔[①]这一年来的行动，实亦有些反常，向来很信我的话，不知何故，一年来我屡次忠告，他都不采纳。我真是一年到头替他捏着一把汗，最后这一著真是更出我意外。他事前若和我商量，我定要尽我的力量扣马而谏，无论如何决不让他往这条路上走。他一声不响，直到走了过后第二日，我才在报纸上知道，第三日才有人传一句口信给我，说他此行是以进为退，请我放心。其实我听见这消息，真是十倍百倍的替他提心吊胆，如何放心得下。当时我写信给你和徽音，报告他平安出京，一面我盼望在报纸上得着他脱离虎口的消息，但此虎口之不易脱离，是看得见的。

前事不必提了，我现在总还存万一的希冀，他能在乱军中逃命出来。万一这种希望得不着，我有些话切实嘱咐你。

第一、你要自己十分镇静，不可因刺激太剧，致伤自己的身体。因为一年以来，我对于你的身体，始终没有放心，直到你到阿图利后，姊妹来信，我才算没有什么挂虑。现在又要挂虑起来了，你不要令万里外的老父为着你寝食不宁，这是第一层。徽音遭此惨痛，惟一的伴侣，惟一的安慰，就只靠你。你要自己镇静着，才能安慰他，这是第二层。

第二、这种消息，谅来瞒不过徽音。万一不幸，消息若确，我也无法用别的话解劝他，但你可以传我的话告诉他：我和林叔叔的关系，他是知道

---

① 林叔叔：即林长民，林徽音的父亲。

的，林叔的女儿，就是我的女儿，何况更加以你们两个的关系。我从今以后，把他和思庄一样地看待她，在无可慰藉之中，我愿意他领受我这种十二分的同情，渡过他目前的苦境。他要鼓起勇气，发挥他的天才，完成他的学问，将来和你共同努力，替中国艺术界有点贡献，才不愧为林叔叔的好孩子。这些话你要用尽你的力量来开解他。

人之生也，与忧患俱来，知其无可奈何，而安之若命。你们都知道我是感情最强烈的人，但经过若干时候之后，总能拿出理性来镇住他，所以我不致受感情牵动，糟蹋我的身子，妨害我的事业。这一点你们虽然不容易学到，但不可不努力学学。

徽音留学总要以和你同时归国为度。学费不成问题，只算我多一个女儿在外留学便了，你们更不必因此着急。

爹爹　十二月廿七日

梁 启 超 家 书

一九二六年家书

致梁思成书
1926 年 1 月 5—7 日

思成：

　　我初二进城，因林家事奔走三天，至今尚未返清华。前星期因有营口安电，我们安慰一会。初二晨，得续电又复绝望。（立刻电告你并发一信，想俱收。徽音有电来，问现在何处？电到时此间已接第二次凶电，故不复。）昨晚彼中脱难之人，到京面述情形，希望全绝，今日已发丧了。遭难情形，我也不必详报，只报告两句话，（一）系中流弹而死，死时当无大痛苦。（二）遗骸已被焚烧，无从运回了。我们这几天奔走后事，昨日上午我在王熙农家连四位姑太太都见着了，今日到雪池见着两位姨太太。现在林家只有现钱三百余元，营口公司被张作霖监视中，（现正托日本人保护，声称已抵押日款，或可幸存。）实则此公司即能保全，前途办法亦甚困难。字画一时不能脱手，亲友赙奠数恐亦甚微。目前家境已难支持，此后儿女教育费更不知从何说起。现在惟一的办法，仅有一条路，即国际联盟会长一职，每月可有二千元收入（钱是有法拿到的）。我昨日下午和汪年伯商量，请他接手，而将所入仍归林家，汪年伯慷慨答应了。现在与政府交涉，请其立刻发表。此事若办到，而能继续一两年，则稍为积储，可以充将来家计之一部分。我们拟联合几位朋友，连同他家兄弟亲戚，组织一个抚养遗族评议会，托林醒楼及王熙农、卓君庸三人专司执行。因为他们家里问题很复杂，兄弟亲戚们或有见得到，而不便主张者，则朋友们代为主张。这些事过几天（待丧事办完后）我打算约齐各人，当着两位姨太太面前宣布办法，分担责成（家事如何收束等等经我们议定后谁也不许反抗）。但现在惟一希望，在联盟会事成功，若不成，我们也束手无策了。徽音的娘，除自己悲痛外，最挂念的是徽音要急杀。我告诉他，我已经有很长的信给你们了。徽音好孩子，谅来还能信我的话。我问他还有什么（特别）话要我转告徽音没有？他说："没有，只有盼望徽音安命，自己保养身体，此时不必回国。"我的话前两封信都已说过了，现在也没有别的话说，只要你认真解慰便好了。徽音学费现在还有多少，还能支持几个月，可立刻告我，我日内当极力设法，筹多少寄来。我现在虽然也很困难，只好对付一天是一天，倘若家里那几种股票还有利息可分，（恐怕最靠得住的几个公司都会发生问题，因为在丧乱如麻的世界中，什么事业都无可做。）今年总可勉强支持，明年再说明年的话。天下大乱之时，今天谁也料不到明天的事，只好随遇而安罢了。你们现在着急也无益，只有努力把自己学问学够了回来，创造世界才是。（今日为林叔作一行述，随讣闻印发，因措辞甚难，牵涉政治问题太多，改用其弟天民名义。汪年伯事，至今尚未发表，焦急之至。）

十五年一月五日晚　爹爹

今日林宅成服我未到，因校中已缺课数日，昨夕回校上堂。

爹爹　七日晚　清华

致孩子们书

1926 年 2 月 9 日

孩子们：

你们寒假时的信，先后收到了。海马帽昨日亦到，漂亮极了，我立刻就戴着出门。（不戴怕过两日就天暖了，要到今冬才得戴。）

今日是旧历十二月二十七了。过两天我们就回南长街过新年，达达、司马懿都早已放假来京了。过年虽没有前几年热闹，但有老白鼻凑趣，也还将就得过去。

我的病还是那样，前两礼拜已见好了。王姨去天津，我便没有去看。又很费心造了一张《先秦学术年表》，于是小便又再红起来，被克礼很抱怨一会，一定要我去住医院，没奈何只得过年后去关几天。朋友们都劝我在学校里放一两个月假，我看住院后如何再说。其实我这病一点苦痛也没有，精神体气一切如常，只要小便时闭着眼睛不看，便什么事都没有，我觉得殊无理会之必要。

庄庄暑假后进皇后大学最好。全家都变成美国风，实在有点讨厌，所以庄庄能在美国以外的大学一两年，是最好不过的。

今年家计还不至困难，除中原公司外，别的股份都还好，你们不必担心。

小白鼻真乖，居然认得许多字，老白鼻一天到黑"手不释卷"，你们爷儿俩都变成书呆子了。

二月九日　爹爹

菲律宾来单一张寄去。

致孩子们书
1926 年 2 月 18 日

孩子们：

我从昨天起被关在医院里了。看这神气，三两天内还不能出院，因为医生还没有找出病源来。我精神奕奕，毫无所苦。医生劝令多仰卧，不许用心，真闷杀人（以上正月初四写）。

入医院今已第四日了，医生说是膀胱中长一疙瘩，用折光镜从溺道中插入检查，颇痛苦，（但我对此说颇怀疑，因此病已阅半年，小便从无苦痛，不似膀胱中有病也。）已照过两次，尚未检出，检出后或须用手术。现已电唐天如速来。但道路梗塞，非半月后不能到。我意非万不得已不用手术，因用麻药后，体子终不免吃亏也。

阳历新年前后顺、庄各信次第收到。庄庄成绩如此，我很满足了。因为你原是提高一年，和那按级递升的洋孩子们竞争，能在三十七人考到第十六，真亏你了。好乖乖，不必着急，只须用相当的努力便好了。

寄过两回钱，共一千五百元，想已收。日内打算再汇二千元。大约思成和庄庄本年费用总够了。思永转学后谅来总须补助些，需用多少，即告我。徽音本年需若干，亦告我，当一齐筹来。

庄庄该用的钱就用，不必太过节省。爹爹是知道你不会乱花钱的，再不会因为你用钱多生气的。思成饮食上尤不可太刻苦。前几天见着君劢的弟弟，他说思成像是滋养品不够，脸色很憔悴。你知道爹爹常常记挂你，这一点你要令爹爹安慰才好。

徽音怎么样？我前月有很长的信去开解他，我盼望他能领会我的意思。"人之生也，与忧患俱来，知其无可奈何，而安之若命"，是立身第一要诀。思成、徽音性情皆近狷急，我生怕他们受此刺激后，于身体上精神上皆生不良的影响。他们总要努力震慑自己，免令老人担心才好。

我这回的病总是太大意了，若是早点医治，总不致如此麻烦。但病总是不要紧的，这信到时，大概当已痊愈了。但在学堂里总须放三两个月假，觉得有点对不住学生们罢了。

前几天在城里过年，很热闹，我把南长街满屋子都贴起春联来了。

军阀们的仗还是打得一塌糊涂。王姨今早上送达达回天津，下半天听说京津路又不通了（不知确否），若把他关在天津，真要急杀他了。

二月十八日　爹爹
德国医院三十四号

致孩子们书

1926 年 2 月 27 日

孩子们：

　　我住医院忽忽两星期了，你们看见七叔信上所录二叔笔记，一定又着急又心疼，尤其是庄庄只怕急得要哭了。（忠忠真没出息，他在旁边看着出了一身大汗，随后着点凉，回学校后竟病了几天，这样胆子小，还说当大将呢。那天王姨送达达回天津没有在旁，不然也许要急出病来。）其实用那点手术，并没什么痛苦，受麻药过后也没有吐，也没有发热，第二天就和常人一样了。检查结果，即是膀胱里无病，于是医生当作血管破裂（极微细的）医治，每日劝多卧少动作，说"安静是第一良药"。两三天以来，颇见起色，惟血尚未能尽止（比以前好多了），而每日来看病的人络绎不绝，（因各报皆登载我在德医院，除《晨报》外。）实际上反增劳碌。我很想立刻出院，克礼说再住一礼拜才放我，只好忍耐着。许多中国医生说这病很寻常，只须几服药便好。我打算出院后试一试，或奏奇效，亦未可知。

　　（天如回电不能来，劝我到上海，我想他在吴佩孚①处太久，此时来北京，诚有不便。打算吃谭涤安的药罢了。）

　　忠忠②、达达③都已上学去，惟思懿④原定三月一号上学，现在京津路又不通了，只好留在清华。他们常常入城看我，但城里流行病极多（廷灿染春瘟病极重），恐受传染，今天已驱逐他们都回清华了，惟王姨还常常来看（二叔、七叔在此天天来看），其实什么病都没有，并不须人招呼，家里人来

---

　　① 吴佩孚：字子玉，山东蓬莱人，北洋直系军阀首领，曾制造"二七"惨案，镇压京汉铁路工人大罢工。1935 年拒绝参加汉奸策动的华北自治活动。

　　② 忠忠：梁思忠，梁启超三子。

　　③ 达达：梁思达，梁启超四子。

　　④ 思懿：梁思懿，梁启超的第三女。

看亦不过说说笑笑罢了。

前两天徽音有电来，请求彼家眷属留京（或彼立归国云云），得电后王姨亲往见其母，其母说回闽属既定之事实，日内便行（大约三五日便动身），彼回来亦不能料理家事，切嘱安心求学云云。他的叔叔说十二月十五（旧历）有长信报告情形，他得信后当可安心云云。我看他的叔叔很好，一定能令他母亲和他的弟妹都得所。他还是令他自己学问告一段落为是。

却是思成学课怕要稍为变更。他本来想思忠学工程，将来和他合作。现在忠忠既走别的路，他所学单纯是美术建筑，回来是否适于谋生，怕是一问题。我的计画，本来你们姐妹弟兄个个结婚后都跟着我在家里三几年，等到生计完全自立后，再实行创造新家庭。但现在情形，思成结婚后不能不迎养徽音之母，立刻便须自立门户，这便困难多了。所以生计问题，刻不容缓。我从前希望他学都市设计，只怕缓不济急。他毕业后转学建筑工程何如？我对专门学科情形不熟，思成可细细审度，回我一信。

我所望于思永、思庄者，在将来做我助手。第一件，我做的中国史非一人之力所能成，望他们在我指导之下，帮我工作。第二件，把我工作的结果译成外国文。永、庄两人当专作这种预备。

正在偷偷写信，被克礼闯进来看见，又唠叨了好些话，不写了。

二月二十七日　爹爹

今日是元宵节，外边花爆声很热闹。

致大、小孩子们书

1926 年 3 月 10 日

大孩子、小孩子们：

贺寿的电报接到了，你们猜我在哪里接到？乃在协和医院三〇四号房。你们猜我现在干什么？刚被医生灌了一杯蓖麻油，禁止吃晚饭。活到五十四岁，儿孙满前，过生日要挨饿，你们说可笑不可笑。

（Baby：你看！公公不信话，不乖乖过生日还要吃泻油，不许吃东西哩！）

我想做一首诗，唱唱这段故事，但做来做去做不好，算了罢。过用心思，又要受王姨娘们唠叨了！

我这封信写得最有趣，是坐在病床上用医院吃饭用的盘当桌子写的，我发明这项工具，过几天可以在病床上临帖了。

现在还是检查（诊断）时期。昨天查过一次，明天再查一次，就可以决定治疗方法了。协和真好，可惜在德国医院耽搁许多日子，不然只怕现在已经全好了。

诊断情形，你二叔们当陆续有详细报告，不消我说了。我写这封信，是要你们知道我的快活顽皮样子。（昨晚院中各科专门医生分头来检查我的身体，各部分都查到了，都说：五十岁以上的人体子如此结实，在中国是几乎看不见第二位哩。）

正月二十六日不知阳历是何日　爹爹

致梁思顺书

1926 年 6 月 5 日

顺儿：

四月二十三、五月三日寄南长街两信，连寄叔叔们的信，都先后收到，但四月十五以前像还有一封长信，想已失掉了。那封信上谅来谭到你们不愿意调任的话吧。

我现在还想你们把你们的意思详说，等我斟酌着随时替你们打算哩。

你屡次来信，都问我受手术后情形如何如何，像十二分不放心的样子。这也难怪，因为你们在远方不知情形，但我看见信只是好笑，倘使你在我身边看着，谅来也哑然失笑了。你们的话完全不对题，什么疲倦不疲倦，食欲好不好……我简直不知道有这一回事。我受术十天之后，早已一切如常，始终没有坐过一回摇推的椅子。记得第十一天晚上，我偷偷地下床上毛房（因不愿在床上出恭），（毛房与卧房相隔数间）被看护妇看见，埋怨了半天。我在医院里写了几十把扇子，从医生看护妇到厨子打杂每人都求了一把。受术后第四天便胃口如常，中间因医生未得病源，种种试验，曾经有一个礼拜不给肉品我吃，饿得我像五台山上的鲁智深，天天向医生哀求开荤，出院后更不用说了。总而言之，受术后十天，早已和无病人一样，现在做什么事情，都有兴致，绝不疲倦，一点钟以上的演讲已经演过几次了。七叔、王姨们初时屡屡警告，叫我"自己常常记得还是个病人"。近来他们看惯了，也疲了，连他们也不认我还是病人了。

看见你的信，四月二十前后还像没有复元的样子。五月三日信还说"稍为累点，就不舒服"，真令我诧异。或者你的手术比我重吗？其实我的也很不轻，受麻药的次数，比你多得多了。这样看来，你的体子比我真有天渊之别，我真是得天独厚，（医院里医生看护妇都说像我复元得这样快是从没有看见过的。）不是经比较，还不自觉哩。

我一月以前，绝不担心你的病，因为我拿自己做例，觉得受手术不算一回事，但是接连看你的信，倒有点不放心了。我希望不久接着你完全复元的信说："虽累了，也照常受得起"，那才好哩。

近来因我的病惹起许多议论。北京报纸有好几家都攻击协和（《现代评论》、《社会日报》攻得最厉害），我有一篇短文在《晨报》副刊发表，带半辩护的性质，谅来已看见了。总之，这回手术的确可以不必用，好在用了之后身子没有丝毫吃亏，（唐天如细细诊视，说和从前一样。）只算费几百块钱，挨十来天痛苦，换得个安心也还值得。

现在病虽还没有清楚，但确已好多了，而且一天比一天好，或者是协和的药有效（现在还继续吃），或者是休息的效验，现在还不能十分休息（正在将近毕业要细阅学生们成绩），半月后到北戴河去，一定更好了。

我想来美一游，各人也不十分反对，但都怕我到美决不能休息，或者病又复发，所以阻止者多，现在决定不来了。

蹇季常、张君劢们极力劝我在清华告假一年，这几天不停地唠叨我。他们怕一开课后我便不肯休息，且加倍工作。我说我会自己节制。他们都不相信。但是我实在舍不得暂离清华，况且我实际上已经无病了。我到底不能采用他们的建议。总之，极力节制，不令过劳便是。你们放心罢。

由天津电汇四千元，想已收。一半是你们存款，一半给思庄们学费，你斟酌着分给他们。思成在费城，今年须特别耗费，务令他够用，不至吃苦。思永也须贴补点，为暑假旅行及买书等费。

思庄考得怎样，能进大学固甚好，即不能也不必着急，日子多着哩。

我写的一幅小楷，装上镜架给他做奖品，美极了，但很难带去，大概只好留着等他回来再拿了。

许久没有写信给成、永们，好在给你的信，他们都会看见的。

六月五日　爹爹

老白鼻会唱葡萄美酒了，真乖得好顽。

致梁思忠书

1926 年 8 月 14 日

　　海滨有绑票之警（事在距车站约十二里之乡村），游客逃避一空，吾亦守垂堂之戒，于今晨尽室返津矣。

　　病虽未痊愈（偶然便带哑色，但已非红非紫），比前次确减轻许多。年余之痼疾，本非三数日所能全治，但药之有效，已灼然矣。往告兄姊可大欣慰也。庄庄入费城暑校，汝到时想尚在彼，至可喜。汝凡百小心，勿诒老亲远念。

　　父示忠忠。

八月十四日

致梁思忠书

1926 年 8 月 16 日

忠忠:

　　返天津后继续服药,又大见效。北戴河水土不宜,致减药功也。汝到美时,想赤焰早已肃清,告姊姊们完全放心便是。

十六日　爹爹

　　计期此信尚能赶级放洋前耶。

致大、小孩子们书

1926 年 8 月 22 日

一大群大大小小孩子们：

好教你们欢喜，我的病真真正正完完全全好得清清楚楚了！服药前和服药后，便色之变迁，忠忠已大略看见。忠忠在津时，色不过转淡而已，尚未纯复原，再到北戴河那两天，像有点要翻的样子，后来加减一两味药，回津再服，果然服三剂病根全除，前后共服过十剂，现已停药一礼拜了。总之，药一下去，便见功效，由紫红变粉红，变哑色，变黄，十剂以后，完全变白，血腥气味净尽，回复到平常尿味。这几天内经过种种试验，也曾有朋友来接连剧谭五个钟头，又曾往俄国公园散步一点多钟，又曾吃过一瓶大麦酒，又曾睡眠极少，诸如此类，前此偶犯其一，病辄大发，现在完全没有，真算好清楚了。痛快之极！据天如说，病源在胆，因惊皇而起，胆生变动，而郁积结于膀胱，其言虽涉虚杳，但亦有几分近似。盖吾病之起，实在你们妈妈病重时，不过从前不注意，没有告你们耳。天如说的病理对不对，他的药真是其应如响，一年半之积瘤，十日而肃清之，西医群束手谓不可治，而一举收此奇效，可谓能矣。吾现仍小心静养，不太劳，你们十二分放心罢。这封信专报告病之肃清，不说别的。

八月二十二日　爹爹

天津发，十日后入京

致孩子们书

1926 年 9 月 4 日

孩子们：

今天接顺儿八月四日信，内附庄庄由费城去信，高兴得很。尤可喜者，是徽音待庄庄那种亲热，真是天真烂漫好孩子。庄庄多走些地方（独立的），多认识些朋友，性质格外活泼些，甚好甚好。但择交是最要紧的事，宜慎重留意，不可和轻浮的人多亲近。庄庄以后离开家庭渐渐的远，要常常注意这一点。大学考上没有？我天天盼这个信，谅来不久也到了。

忠忠到美，想你们姊弟兄妹会在一块，一定高兴得很，有什么有趣的新闻，讲给我听。

我的病从前天起又好了，因为碰着四姑的事，病翻了五天（五天内服药无效），这两天哀痛过了，药又得力了。昨日已不红，今日很清了，只要没有别事刺激，再养几时，完全断根就好了。

四姑的事，我不但伤悼四姑，因为细婆太难受了，令我伤心。现在祖父祖母都久已弃养，我对于先人的一点孝心，只好寄在细婆身上，千辛万苦，请了出来，就令他老人家遇着绝对不能宽解的事（怕的是生病），怎么好呢？这几天全家人合力劝慰他，哀痛也减了好些，过几日就全家入京去了。清华八日开学，我六日便入京，在京（城里）还有许多事要料理，王姨和细婆等迟一个礼拜乃去。

张孝若[1]丁忧，已辞职，我三日前写一封信给蔡廷幹[2]，讲升任事，能成

---

[1] 张孝若：江苏南通人，著名实业家、教育家张謇之子。曾游学美国，张謇去世后，继任大生纱厂董事长，南通大学校长。1935 年在上海遭仆人暗杀，时年 37 岁。

[2] 蔡廷幹：广东香山人，早年留学美国，回国后入天津水电学堂，甲午战争中受伤被俘。中华民国后，任总统府高等军事顾问，袁世凯英文秘书长，不满袁世凯的称帝活动，后任中国红十字会副会长等职，后病死北京。

与否，入京便见分晓。

思永两个月没有信来，他娘很记挂，屡屡说："想是冲气吧"，我想断未必，但不知何故没有信。你从前来信说不是悲观，也不是精神异状，我很信得过是如此，但到底是年轻学养未到，我因久不得信，也不能不有点担心了。

国事局面大变，将来未知所届，我病全好之后，对于政治不能不痛发言论了。

九月四日　爹爹

致孩子们书

1926 年 9 月 14 日

孩子们：

我本月六日入京，七日到清华，八日应开学礼讲演，当日入城，在城中住五日，十三日返清华。王姨奉细婆亦以是日从天津来，我即偕同王姨、阿时、老白鼻同到清华。此后每星期大抵须在城中两日，余日皆在清华。北院二号之屋（日内将迁居一号）只四人住着，很清静。

此后严定节制，每星期上堂讲授仅二小时，接见学生仅八小时，平均每日费在学校的时刻，不过一小时多点。又拟不编讲义，且暂时不执笔属文，决意过半年后再作道理。

我的病又完全好清楚，已经十日没有复发了。在南长街住那几天，你二叔天天将小便留下来看，他说颜色比他的还好，他的还像普洱茶，我的简直像雨前龙井了。自服天如先生药后之十天，本来已经是这样，中间遇你四姑之丧，陡然复发，发得很厉害。那时刚刚碰着伍连德[①]到津，拿小便给他看，他说"这病绝对不能不理会"，他入京当向协和及克礼等详细探索实情云云。五日前在京会着他，他已探听明白了。他再见时，尿色已清，他看着很赞叹中药之神妙（他本来不鄙薄中药），他把药方抄去。天如之方以黄连、玉桂、阿胶三药为主。（近闻有别位名医说，敢将黄连和玉桂合在一方，其人必是名医云云。）他说很对很对，劝再服下去。他说本病就一意靠中药疗治便是了。却是因手术所发生的影响，最当注意。他已证明手术是协和孟浪错误了，割掉的右肾，他已看过，并没有丝毫病态，他很责备协和粗

---

① 伍连德：祖籍广东新宁，生于马来亚槟榔岐，后入英国剑桥大学学医，获博士学位，与梁启超等人多有交往，1911 年后为中华医学会会长。抗战爆发后返马来亚，后病逝。

忽，以人命为儿戏，协和已自承认了。这病根本是内科，不是外科。在手术前克礼、力舒东、山本乃至协和都从外科方面研究，实是误入歧途。但据连德的诊断，也不是所谓"无理由出血"，乃是一种轻微肾炎。西药并不是不能医，但很难求速效，所以他对于中医之用黄连和玉桂，觉得很有道理。但他对于手术善后问题，向我下很严重的警告。他说割掉一个肾，情节很是重大，必须俟左肾慢慢生长，长到大能完全兼代右肾的权能，才算复原。他说"当这内部生理大变化时期中（一种革命的变化），左肾极吃力，极辛苦，极娇嫩，易出毛病，非十分小心保护不可。惟一的戒令，是节劳一切工作，最多只能做从前一半，吃东西要清淡些……"等等。我问他什么时候才能生长完成？他说"没有一定，要看本来体气强弱及保养得宜与否，但在普通体气的人，总要一年"云云。他叫我每星期验一回小便（不管色红与否），验一回血压，随时报告他，再经半年才可放心云云。连德这番话，我听着很高兴。我从前很想知道右肾实在有病没有，若右肾实有病，那么不是便血的原因，便是便血的结果。既割掉而血不止，当然不是原因了。若是结果，便更可怕，万一再流血一两年，左肾也得同样结果，岂不糟吗。我屡次探协和确实消息，他们为护短起见，总说右肾是有病（部分腐坏），现在连德才证明他们的谎话了。我却真放心了，所以连德忠告我的话，我总努力自己节制自己，一切依他而行（一切劳作比从前折半）。

但最近于清华以外，忽然又发生一件职务，令我欲谢而不能，又已经答应了。这件事因为这回法权会议的结果，意外良好，各国代表的共同报告书，已承诺撤回领事裁判权，只等我们分区实行。但我们却有点着急了，不能不加工努力。现在为切实预备计，立刻要办两件事：一是继续修订法律，赶紧颁布；二是培养司法人才，预备"审洋鬼子"。头一件要王亮俦担任。第二件要我担任（名曰司法储才馆）。我入京前一礼拜，亮俦[①]

---

① 亮俦：即王宠惠，广东东莞人，早年留学日本，后留学美国，入耶鲁大学，获博士学位，辛亥革命后任外交总长、司法总长，后历任国民政府司法部长、外交部长等职。病逝于台湾。

和罗钧任①几次来信来电话，催我入京。我到京一下车，他们两个便跑来南长街，不由分说，责以大义，要我立刻允诺。这件事关系如此重大，全国人渴望已非一日，我还有什么话可以推辞，当下便答应了。现在只等法权会议签字后（本礼拜签字），便发表开办了。经费呢每月有万余元，确实收入可以不必操心。（在关税项下每年拨十万元，学费收入约四万元。）但创办一学校事情何等繁重，在静养中当然是很不相宜；但机会迫在目前，责任压在肩上，有何法逃避呢？好在我向来办事专在"求好副手"。上月工夫我现在已得着一个人替我全权办理，这个人我提出来，亮俦、钧任们都拍手，谅来你们听见也大拍手。其人为谁？林宰平便是。他是司法部的老司长，法学湛深，才具开展，心思致密，这是人人共知的。他和我的关系，与蒋百里、蹇季常相仿佛，他对于我委托的事，其万分忠实，自无待言。储才馆这件事，他也认为必要的急务，我的身体要静养，又是他所强硬主张的（他屡主张我在清华停职一年），所以我找他出来，他简直无片词可以推托。政府原定章程，是"馆长总揽全馆事务"。我要求增设一副馆长，但宰平不肯居此名，结果改为学长兼教务长（当时情形实不能不代任筹办事，而学长及教务长名义上不愿居，及开馆期迫，商请余越园兄出任学长兼教务长，饮冰亦赞成，此事遂告解决。——林志钧注。）你二叔当总务长兼会计。我用了这两个人，便可以"卧而治之"了。初办时教员职员之聘任，当然要我筹画，现在亦已大略就绪。教员方面因为经费充足，兼之我平日交情关系，能网罗第一等人才，如王亮俦、刘崧生等皆来担任功课，将来一定声光很好。职员方面，初办时大大小小共用二十人内外，一面为事择人，一面为人择事，你十五舅和曼宣都用为秘书（月薪百六十元，一文不欠），乃至你姑丈（六十元津贴）及黑二爷（二十五元）都点缀到了。藻孙若愿意回北京，我也可以给他二百元的事去办。（我比较撙节的制成个预算，每月尚敷余三千至四千。）大概这件事我当初办时，虽不免一两月劳苦，以后便可以清闲了。

---

① 钧任：即罗文干，字钧任。广东番禺人，早年留学英国，回国后任清政府广东审判厅厅长。1928年应东北大学聘请到文法学院任教授。1931年被东北大学聘为大学委员会委员。同年任国民党政府司法行政部长，1932年兼任外交部长。1938年任国民参政会参政员，西南联合大学教授。

你们听见了不必忧虑。（这一两个月却工作不轻，研究院新生有三十余人，加以筹画此事，恐对于伍连德的话，须缓期实行。）

做首长的人，"劳于用人而逸于治事"，这句格言真有价值。我去年任图书馆长以来，得了李仲揆及袁守和①任副馆长及图书部长，外面有范静生替我帮忙，我真是行所无事。我自从入医院后（从入德医院起）从没有到馆一天，忠忠是知道的。这回我入京到馆两个半钟头，他们把大半年办事的纪录和表册等给我看，我于半年多大大小小的事都了然了。真办得好，真对得我住！杨鼎甫、蒋慰堂二人从七月一日起到馆，他们在馆办了两个月事，兴高采烈，觉得全馆朝气盎然，为各机关所未有，虽然薪水微薄（每人每月百元），他们都高兴得很。我信得过宰平替我主持储才馆，（亮俦在外面替我帮忙也和范静生之在图书馆差不多。）将来也是这样。

希哲升任智利的事，已和蔡耀堂面言，大约八九可成，或者这信到时已发表亦未可知。（若未发表那恐是无望了。）

思顺八月十三日信，昨日在清华收到。忠忠抵美的安电，王姨也从天津带来，欣慰之至。正在我想这封信的时候，想来你们姊弟五人正围着高谈阔论，不知多少快活哩。庄庄入美或留坎②问题，谅来已经决定，下次信可得报告了。

思永给思顺的信说"怕我因病而起的变态心理"，有这种事吗？何至如是，你们从我信上看到这种痕迹吗？我决不如是，忠忠在旁边看着是可以证明的。就令是有，经这回唐天如、伍连德诊视之后，心理也豁然一变了。你们大大放心罢。（写得太多了，犯了连德的禁令了，再说罢。）

九月十四日　爹爹

老白鼻天天说要到美国去，你们谁领他，我便贴四分邮票寄去。

---

① 袁守和：即袁同礼，字守和，河北徐水人。1916 年毕业于北京大学。1942 年任北平图书馆馆长。1949 年赴美，先后在美国国会图书馆和斯坦福大学研究所工作。

② 坎：在此指加拿大。

致孩子们书
1926 年 9 月 27 日

　　昨夜十二时半你们又添一个小弟弟，母子平安。拟到协和分娩，不意
突如其来，昨晚十时我写完前信便去睡，刚要睡着，王姨忽觉震动，欲命车
进城，恐来不及，乃找本校医生，幸亏医生在家（是日星期），一切招呼完
善，（昨日搬家一切东西略已搬毕，惟睡床未搬，临时把王姨的床搬过来，
刚刚赶得上。）仅一个多钟头便完事了。你们姊姊弟兄真已不少，（我倒很
盼他是女孩子，那便姊妹弟兄各五人，现在男党太盛了。）这是第十个，十
为盈数，足够了。

　　　　　　　　　　　　　　　　　　　　　　　九月廿七日　　爹爹

致孩子们书

1926 年 9 月 29 日

孩子们：

今天从讲堂下来，接着一大堆信——坎拿大三封内夹成、永、庄寄加的好几封，庄庄由纽约来的一封，又前日接到思永来一封，忠忠由域多利来的一封——令我喜欢得手舞足蹈。我骤然看见域多利的信封，很诧异！那一个跑到域多利去呢？拆开一看，才知忠忠改道去先会姊姊。前接阿图利电说忠忠十一日到，我以为是到美境哩，谁知便是那天到阿图和！忠忠真占便宜，这回放洋，在家里欢天喜地地送他，比着两位哥哥，已经天渊之别了；到了那边，又分两回受欢迎，不知多少高兴。

我最喜欢的是庄庄居然进了大学了。尤其喜欢是看你们姊弟兄妹们来往信，看出那活泼样子。我原来有点怕，庄庄性情太枯寂些，因为你妈妈素来管得太严；他又不大不小夹在中间，挨着我的时候不多，——不能如老白鼻的两亲家那样——所以觉得欠活泼。这一来很显出青年的本色，我安慰极了。

回坎进大学，当然好极了。我前次信说赞成留美，不过怕顺儿们有迁调时，他太寂寞。其实这也不相干。满地可我也到过，离坎京极近，暂时我大大放心了。过得一两年，年纪更长大，当然不劳我挂念了。我很不愿意全家变成美国风。在坎毕业后往欧洲入研究院，是最好不过的。我的"赤祸"大概可以扫除净尽。最近已二十多天没有再发。实际上讲，自忠忠动身时，渐渐肃清，中间惟四姑死后发了一礼拜，初到清华发了三天（中秋日小发，但不甚，过一天便好），此外都是极好。今年我不编讲义（叫周传儒笔记，记得极好，你们在周刊上可以看见。），工夫极轻松。每星期只上讲堂两点钟，在研究室接见学生五点钟（私宅不许人到）。我从来没有过这样清闲。我恪守伍连德的忠告，决意等半年后完全恢复，再行自由工作。

时局变化极剧，百里所处地位极困难，又极重要。他最得力的几个学生都在南边，蒋介石三番四复拉拢他，而孙传芳①又卑礼厚币要仗他做握鹅毛扇的人。孙、蒋间所以久不决裂，都是由他斡旋。但蒋军侵入江西，逼人太甚（俄国人逼他如此），孙为自卫，不得不决裂。我们的熟人如丁在君、张君劢、刘厚生等都在孙幕，参与密勿，他们都主战，百里亦不能独立异，现在他已经和孙同往前敌去了。老师打学生，岂非笑话（非寻常之师弟）。好在唐生智②所当的是吴佩孚方面（京汉路上吴已经是问题外的人物），孙军当面接触的是蒋介石。这几天江西的战争关系真重大。若孙败以后（百里当然跟着毁了），黄河以南便全是赤俄势力。若孙胜蒋败，以后便看百里手腕如何。百里的计划是要把蒋、唐分开，蒋败后谋孙、唐联和。果能办到此著，便将开一崭新局面。国事大有可为，能成与否不能不付诸气数了。

顺儿们窘到这样，可笑可怜，你们到底负债多少？这回八月节使馆经费一文也发不出，将来恐亦无望，我实在有点替你们心焦。调任事一时更谈不到了（现在纯陷于无政府状态）。我想还是勉强支持一两年（到必要时我可以随时接济些），招呼招呼弟妹们，令我放心，一面令诸孙安定一点，好好的上学，往后看情形再说罢。前所言司法储才馆事，现因政府搁浅，也暂时停顿，但此事为收回法权的主要预备，早晚终须办，现时只好小待。

小老白鼻今天该洗三了。别人还不怎么，独有细婆，欢喜得连嘴都合不拢来。自从四姑的事情以后，细婆没有过笑容，这两天异常高兴，令我们也都安慰。

王姨产后经过极良好，不消远念。

老白鼻爱小弟弟爱到无以复加，隔几分钟就去摸一回，整天价说"背背驼驼他"。老白鼻新近又长进一种学问，昨日起阿时教他认五个字，今日居然完全记得。

---

① 孙传芳：山东历城人。北洋军阀直系骨干，早年毕业于日本陆军士官学校，回国后授于步兵科举人。民国以后，历任团、旅、师长，1923年任福建督军，1924年任浙江督军，1925年在南京宣布成立浙、闽、苏、皖、赣五省联军，任五省联军总司令。

② 唐生智：湖南东安人，保定陆军军官学校毕业，历经中华民国建国到解放战争开始时期，并在国民党中担任不同的重要职务。

你们大的都不在跟前，很有点寂寞。现在就是阿时挨着我。我回到天津时，南开中学本来要请他当教习，月修七十元，他倒很想去。（他很想找点钱帮补姑丈）我一来怕他学问太浅，交代不过。二来也要他跟着我，所以暂留他一年，明年也不能不让他去了。

九月廿九日　爹爹

致孩子们书

1926 年 10 月 4 日

孩子们：

我昨天做了一件极不愿意做之事，去替徐志摩证婚。他的新妇是王受庆夫人，与志摩恋爱上，才和受庆离婚，实在是不道德至极。我屡次告诫志摩而无效。胡适之[①]、张彭春[②]苦苦为他说情，到底以姑息志摩之故，卒徇其请。我在礼堂演说一篇训词，大大教训一番，新人及满堂宾客无一不失色，此恐是中外古今所未闻主婚礼矣。今把训词稿子寄给你们一看。青年为感情冲动，不能节制，任意决破礼防的罗网，其实乃是自投苦恼的罗网，真是可痛，真是可怜！徐志摩这个人其实聪明，我爱他不过，此次看着他陷于灭顶，还想救他出来，我也有一番苦心。老朋友们对于他这番举动无不深恶痛绝，我想他若从此见摈于社会，固然自作自受，无可怨恨，但觉得这个人太可惜了，或者竟弄到自杀。我又看着他找得这样一个人做伴侣，怕他将来苦痛更无限，所以想对于那个人当头一棒，盼望他能有觉悟（但恐甚难），免得将来把志摩累死，但恐不过是我极痴的婆心便了。闻张歆海近来也很堕落，日日只想做官，（志摩却是很高洁，只是发了恋爱狂——变态心理——变态心理的犯罪。）此外还有许多招物议之处，我也不愿多讲了。品性上不曾经过严格的训练，真是可怕，我把昨日的感触，专写这一封信给思成、徽音、思忠们看看。

十月四日　爹爹

---

① 胡适之：即胡适。现代学者，著名思想家、文学家、哲学家。

② 张彭春：字仲述。中国教育家、早期话剧（新剧）活动家、导演。1908 年毕业于南开学校。1910 年去美国哥伦比亚大学学习教育学、哲学，同时刻苦钻研戏剧理论和编导艺术。抗日战争期间，从事外交工作。

致孩子们书

1926 年 10 月 19 日

　　我这几天忙得要命，两个机关正在开办，还有两位外宾，一位日本清浦子爵（前首相，旧熟人），一位瑞典皇太子（考古学者）。天天演说宴会，再加上学校功课，真是不了。每天跑进城，又跑回校，替汽车油房做生意。但我精神极旺盛，一点也不觉疲劳。晚上还替松坡图书馆卖字，自己又临帖临出瘾。天天被王姨唠叨，逼着去睡。现在他又快来捣乱了，只得不写了。

　　前几天上坟去回来（重阳那天），"赤祸"又发作了三天，现在又全好了，大抵走路最不相宜。

十九日　　爹爹

　　小老白鼻很乖，一天到黑总没有听见他哭一声。

致孩子们书

1926 年 10 月 22 日

孩子们：

前天接着你们由费城来的杂碎信和庄庄进大学后来的信，真真高兴。

你们那种活泼亲热样子活现在纸上，我好容易细细研究算是把各人的笔迹勉强分别出来了，但是许多名词还不很清楚，只得当作先秦古书读。"心知其意"，"于其所不知，盖阙如也"。

你们一群小伙子怎么把一位老姊姊当作玩意儿去欺负他呢？做姊姊的也是不济事，为什么不板起面孔来每人给他几个嘴巴呢？你们别要得意，还有报应哩，再过十几年二十年，老白鼻、小白鼻也会照样地收拾你们！但是，到那时候，五十多岁老姊姊只怕更惹不起这群更小的小伙子了。

以上十月廿二日写

致梁思永书

1926 年 12 月 10 日

思永：

得十一月七日信，喜欢至极。李济之①现在山西乡下（非陕西），正采掘得兴高采烈，我已立刻写信给他，告诉以你的志愿及条件，大约十日内外可有回信。我想他们没有不愿意的，只要能派你实在职务，得有实习机会，盘费食住费等等都算不了什么大问题，家里景况，对于这点点钱还担任得起也。你所问统计一类的资料，我有一部分可以回答你，一部分尚须问人。我现在忙极，要过十天半月后再回你，怕你悬望，先草草回此数行。我近来真忙，本礼拜天天有讲演，（城里的学生因学校开不了课，组织学术讲演会，免不了常去讲演。）又著述之兴不可遏，已经动手执笔了（半月来已破戒亲自动笔）。还有司法储才馆和国立图书馆都正在开办，越发忙得要命。最可喜者，旧病并未再发，有时睡眠不足，小便偶然带一点黄或粉红，只须酣睡一次，就立刻恢复了。因为忙，有好多天没有给你们信（只怕十天八天内还不得空），你这信看完后立刻转给姊姊他们，免得姊姊又因为不得信挂心。

十二月十日　爹爹

你娘娘身体很好，"小无名氏"非常之乖，食、睡、哭都有一定时候。细婆天天催要他的名字，我还不得空。

---

① 李济之：即李济，字济之。湖北钟祥人，人类学家、中国近代考古学家、中国考古学之父，为中国最早独立进行野外考古工作的学者。

致孩子们书

1926 年 12 月 20 日

孩子们：

寄去美金九十元作压岁钱，大孩子们每人十元，小孩子们共二十元，可分领买糖吃去。

我近来因为病已痊愈，一切照常工作，渐渐忙起来了。新近著成一书，名曰《王阳明知行合一之教》，约四万余言，印出后寄给你们读。

前两礼拜几乎天天都有讲演，每次短者一点半钟，多者继续至三点钟，内中有北京学术讲演会所讲三次，地点在前众议院（法大第一院），听众充满全院（约四千人），在大冷天并无火炉（学校穷，生不起火），讲时要很大声，但我讲了几次，病并未发，可见是痊愈了。

前几天耶鲁大学又有电报来，再送博士，请六月二十二到该校，电辞极恳切，已经复电答应去了。你二叔不甚赞成，说还要写信问顺儿以那边详细情形，我想没有甚么要紧的，只须不到唐人街（不到西部），不上杂碎馆，上落船时稍为注意，便够了。我实在想你们，想得很，借这个机会来看你们一趟，最好不过，我如何肯把他轻轻放过。

时局变迁非常剧烈，百里联络孙、唐、蒋的计画全归失败，北洋军阀确已到末日了。将此麻木不仁的状态打破，总是好的，但将来起的变症如何，现在真不敢说了。

希哲的生活方向现真成了问题，北京政府看着是要塌了，使馆经费绝对的不会有办法（颐少川虽然在那里打许主意，我想都不会成功。）从前欠薪，恐怕也没甚希望，似此赔累下去如何能久？若不能调到有收入的地方，便须另走一条路。国内混乱状态未知所极，生意是无从做起的。除非在海外想方法，此虽非一时立决之事。但不能不早为之备，请注意为幸。

去年，徽音有明年二月归国之说，不知现在已改变否，我想大可以不必现在回来，北京是无用的徒增伤心，福州坝亦在混乱时代，回来恐省亲之愿亦不易达到，何苦跋涉呢？只要学费勉强可以支持，等到和思成一齐归来最好。这句话我屡次写信都忘了，今补说。

思庄近来还常常想家吗？我看你的来信及你给姊姊的信最高兴。我最希望你特别注重法文，将来毕业后最少也留法一年，你愿意吗？

思忠来信叙述入学后情形，我和你娘娘都极为高兴。你既学政治，那么进什么团体是免不了的，我一切不干涉你，但愿意你十分谨慎，须几经考量后方可加入。在加入前先把情形告诉我，我也可以做你的顾问。

思永回来的事，李济之尚未回信，听说他这回采掘很有所得，不久也要回京一次。

小老白鼻有了文字了，我看他的面孔很像大同的"同"字，就叫他做思同（胖的那脸成个正方形，眼孔小小的，连眉毛像一画，张开口像个口字），我不大理会他，比老白鼻那时候差多了。

十二月二十日　爹爹

梁 启 超 家 书

一九二七年家书

致孩子们书

1927 年 1 月 2 日

孩子们：

今天总算我最近两个月来最清闲的日子，正在一个人坐在书房里拿着一部杜诗来吟哦。思顺十一月二十九、十二月四日，思成十二月一日的信，同时到了，真高兴。

今天是阴历年初二，又是星期，所有人大概都进城去了。我昨天才从城里回来。达达、司马懿、六六三天前已经来了。今天午饭后他们娘娘带他们去逛颐和园，老郭、曹五都跟去，现在只剩我和小白鼻看家。

写到这里，他们都回来了。满屋子立刻喧闹起来，和一秒钟以前成了两个世界。

你们十个人，刚刚一半在那边，一半在这边，在那边的一个个都大模大样，在这边的都是"小不点点"，真是有趣。

相片看见了很高兴，庄庄已经是个大孩子了（为什么没有戴眼镜），比从前漂亮得多，思永还是那样子，思成为什么这样瘦呢？像老了好些，思顺却像更年轻了。桂儿、瞻儿那幅不大清楚，不甚看得出来。小白鼻牵着冰车好顽极了，老白鼻绝对不肯把小儿子让给弟弟，和他商量半天，到底不肯，只肯把烂名士让出一半。老白鼻最怕的爹爹去美国，（比吃泻油还怕。）他把这小干儿子亲了几亲，连冰车一齐交给老郭替他"收收"了。

以下说些正经事。

思成信上说徽音二月间回国的事，我一月前已经有信提过这事，想已收到。徽音回家看他娘娘一趟，原是极应该的，我也不忍阻止，但以现在情形而论，福州附近很混乱，交通极不便，有好几位福建朋友们想回去，也回不成。最近几个月中，总怕恢复原状的希望很少，若回来还是蹲在北京或上海，岂不更伤心吗？况且他的娘，屡次劝他不必回来，我想还是暂不回来的好。至于清华官费若回来考，我想没有考不上的。过两天我也把招考章程叫他们寄去，但若打定主意不回来，则亦用不着了。

思永回国的事，现尚未得李济之回话。济之（三日前）已经由山西回到北京了，但我刚刚进城去，还没有见着他。他这回采掘大有所获，捆载了七十五箱东西回来，不久便在清华考古室（今年新成立）陈列起来了，这也是我们极高兴的一件事。思永的事我本礼拜内准见着他，下次的信便有确答。

忠忠去法国的计画，关于经费这一点毫无问题，你只管预备着便是。

思顺们的生计前途，却真可忧虑，过几天我试和少川切实谈一回，但恐没有什么办法，因为使领经费据我看是绝望的，除非是调一个有收入的缺。

司法储才馆下礼拜便开馆，以后我真忙死了，每礼拜大概要有三天住城里。清华功课有增无减，因为清华寒假后兼行导师制，（这是由各教授自愿的，我完全不理也可以，但我不肯如此。）每教授担任指导学生十人，大学部学生要求受我指导者已十六人，我不好拒绝。又在燕京担任有钟点，（燕京学生比清华多，他们那边师生热诚恳求我，也不好拒绝。）真没有一刻空闲了。但我体子已完全复原，两个月来旧病完全不发，所以很放心工作去。

上月为北京学术讲演会作四次公开的讲演，讲坛在旧众议院，每次都是满座，连讲两三点钟，全场肃静无哗，每次都是距开讲前一两点钟已经人满。在大冷天气，火炉也开不起，而听众如此热诚，不能不令我感动。我常感觉我的工作，还不能报答社会上待我的恩惠。

我游美的意思还没有变更，现在正商量筹款，大约非有万金以上不够（美金五千），若想得出法子，定要来的，你们没有什么意见吧？

时局变迁极可忧，北洋军阀末日已到，不成问题了。北京政府命运谁也不敢作半年的保险，但一党专制的局面谁也不能往光明上看……

思顺们的留支似已寄到十一月，日内当再汇上七百五十元，由我先垫出两个月，暂救你们之急。

寄上些中国画给思永、忠忠、庄庄三人挂于书房。思成处来往的人，谅来多是美术家，不好的倒不好挂，只寄些影片，大率皆故宫所藏名迹也。

现在北京灾官们可怜极了。因为我近来担任几件事，穷亲戚穷朋友们稍为得点缀。十五舅处东拼西凑三件事，合得二百五十元（可以实得到手），勉强过得去，你妈妈最关心的是这件事，我不能不尽力设法。其余如杨鼎甫也在图书馆任职得百元，黑二爷（在储才馆）也得三十元（玉衡表叔也得六十元），许多人都望之若登仙了。七叔得百六十元，廷灿得百元（和别人比较），其实都算过份了。

细婆近来心境渐好，精神亦健，是我们最高兴的事。现在细婆、七婶都住南长街，相处甚好，大约春暖后七叔或另租屋住。

老白鼻一天一天越得人爱，非常聪明，又非常听话，每天总逗我笑几场。他读了十几首唐诗，天天教他的老郭念，刚才他来告诉我说："老郭真笨，我教他念'少小离家'，他不会念，念成'乡音无改把猫摔'，（他一面说一面抱着小猫就把那猫摔下地，惹得哄堂大笑。）他念："两人对酌山花开，一杯一杯又一杯，我醉欲眠君且去，明朝有意抱琴来。"总要我一个人和他对酌，念到第三句便躺下，念到第四句便去抱一部书当琴弹。诸如此类每天趣话多着哩。

我打算寒假时到汤山住几天，好生休息，现在正打听那边安静不安静。我近来极少打牌，一个月打不到一次，这几天司马懿来了，倒过了几回桥。酒是久已一滴不入口，虽宴会席上有极好的酒，看着也不动心。写字倒是短不了，近一个月来少些，因为忙得没有工夫。

十六年一月二日　爹爹

致梁思永书

1927 年 1 月 10 日

思永读：

今天李济之回到清华，我跟他商量你归国事宜，那封信也是昨天从山西打回来他才接着，怪不得许久没有回信。

他把那七十六箱成绩平平安安运到本校，陆续打开，陈列在我们新设的考古室了。今天晚上他和袁复礼（是他同伴学地质学的）在研究院茶话会里头作长篇的报告演说，虽以我们门外汉听了，也深感兴味。他们演说里头还带著讲："他们两个人都是半路出家的考古学者，（济之是学人类学的。）真正专门研究考古学的人还在美国——梁先生之公子。"我听了替你高兴又替你惶恐，你将来如何才能当得起"中国第一位考古专门学者"这个名誉，总要非常努力才好。

他们这回意外的成绩，真令我高兴。他们所发掘者是新石器时代的石层，地点在夏朝都城——安邑的附近一个村庄发掘得的东西略分为三大部分，（一）陶器，（二）石器，（三）骨器。此外，他们最得意的是得着半个蚕茧，证明在石器时代已经会制丝。其中陶器花纹问题最复杂，这几年来（民国九年以后）瑞典人安迪生在甘肃、奉天发掘的这类花纹的陶器，力倡中国文化西来之说，自经这回的发掘，他们想翻这个案。

最高兴的是，这回所得的东西完全归我们所有（中华民国的东西暂陈设在清华），美国人不能搬出去，将来即以清华为研究的机关，只要把研究结果报告美国那学术团体便是，这是济之的外交手段高强，也是因为美国代表人卑士波到中国三年无从进行，最后非在这种条件之下和我们合作不可，所以只得依我们了。这回我们也很费点事，头一次去算是失败了，第二次居然得意外的成功。（听说美国国务院总理还有电报来贺。）

他们所看定采掘的地方，开方八百亩，已经采掘的只有三分——一亩十分之三——竟自得了七十六箱，倘若全部掘完，只怕故宫各殿的全部都不够陈列了。以考古学家眼光看中国遍地皆黄金，可惜没有人会捡真是不错。

关于你回国一年的事情，今天已经和济之仔细商量。他说可采掘的地方是多极了。但是时局不靖，几乎寸步难行，不敢保今年秋间能否一定有机会出去，即如山西这个地方，本来可继续采掘，但几个月后变迁如何，谁也不敢说。还有一层采掘如开矿一样，也许失败，白费几个月功夫，毫无所得。你老远跑回来或者会令你失望。但是有一样，现在所掘得七十六箱东西整理研究便须莫大的工作，你回来后看时局如何（还有安迪生所掘得的有一部分放在地质调查所中也要整理），若可以出去，他便约你结伴，若不能出去，你便在清华帮他整理研究，两者任居其一也，断不至白费这一年光阴云云，你的意思如何？据我看是很好的，回来后若不能出去，除在清华做这种工作外，我还可以介绍你去请教几位金石家，把中国考古学的常识弄丰富一点，再往美两年，往欧一两年，一定益处更多。（城里头几个博物院你除看过武英殿外，故宫博物院、历史博物馆都是新近成立或发展的，回来实地研究所益亦多。）

关于美国团体出资或薪水这一点，我和济之商量，不提为是。因为这回和他们订的条件是他们出钱我们出力，东西却是全归我们所有。所以这两次出去一切费用由他们担任，惟济之及袁复礼却是领学校薪俸，不是他们的雇佣，将来我们利用他这个机关的日子正长，犯不着贬低身份，受他薪水，别人且然，何况你是我的孩子呢？只要你决定回来，这点来往盘费，家里还拿得出，我等你回信便立刻汇去。

至于回来后，若出去便用他的费用，若在清华便在家里吃饭，更不成问题了。

我们散会已经十一点钟。这封信第二页以下都是点洋蜡写的，因为极高兴，写完了才睡觉，别的事都改日再说罢。济之说要直接和你通信，已经把你的信封要去，想不日也到。

十六年一月十日　爹爹

致孩子们书

1927 年 1 月 27 日

孩子们：

昨天正寄去一封长信，今日又接到（内夹成、永信）思顺十二月廿七日、思忠廿二日信。前几天正叫银行待金价稍落时汇五百金去，至今未汇出，得信后立刻叫电汇，大概总赶得上交学费了。

寄留支事已汇去三个月的七百五十元，想早已收到。

调新加坡事倒可以商量，等我打听情形再说罢。调智利事幸亏没有办到，不然才到任便裁缺，那才狼狈呢！大抵凡关于个人利害的事只是"随缘"最好。若勉强倒会出岔子，希哲调新加坡时，若不强留那一年，或者现在还在新加坡任上，也未可知。这种虽是过去的事，然而经一事长一智，正可作为龟鉴。所以我也不想多替你们强求。若这回二五附加税项下使馆经费能够有着落，便在冷僻地方——人所不争的多蹲一两年也未始不好。

顺儿着急和愁闷是不对的，到没有办法时一卷起铺盖回国，现已打定这个主意，便可心安理得，凡着急愁闷无济於事者，便值不得急他愁他，我向来对于个人境遇都是如此看法。顺儿受我教育多年，何故临事反不得力，可见得是平日学问没有到家。你小时候虽然也跟着爹妈吃过点苦，但太小了，全然不懂。及到长大以来，境遇未免太顺了。现在处这种困难境遇正是磨炼身心最好机会，在你全生涯中不容易碰着的，你要多谢上帝玉成的厚意，在这个档口做到"不改其乐"的工夫才不愧为爹爹最心爱的孩子哩。

……

忠忠的信很可爱，说的话很有见地，我在今日若还不理会政治，实是对不起国家，对不起自己的良心。不过出面打起旗帜，时机还早，只有秘密预备便是。我现在担任这些事业，也靠着他可以多养活几个人才。（内中固然有亲戚故旧，勉强招呼不以人材为标准者。）近来多在学校演说，多接见学生，也是如此——虽然你娘娘为我的身子天天唠叨我，我还是要这样干。中国病太深了，症候天天变，每变一症，病深一度，将来能否在我们手上救活转来，真不敢说。但国家生命、民族生命总是永久的（比个人长的），我们总是做我们责任内的事，成效如何，自己能否看见，都不必管。

庄庄很乖，你的法文居然赶过四哥了，将来我还要看你的历史学等赶过三哥呢。

思永的字真难认识，我每看你的信，都很费神，你将来回国跟着我，非逼着你写一年九宫格不可。

达达昨日入协和，明日才开刀，大概要在协和过年了。我拟带着司马懿、六六们在清华过年（先令他们向你妈妈相片拜年），元旦日才入城，向祖宗拜年，过年后打算去汤山住一礼拜，因为近日太劳碌了，寒假后开学恐更甚。

每天老白鼻总来搅局几次，是我最好的休息机会。（他又来了，又要写信给亲家了。）我游美的事你们意见如何，我现在仍是无可无不可，朋友们却反对得厉害。

一月廿七日　旧历十二月廿四日　爹爹

致梁思顺书

1927 年 1 月 30 日

顺儿：

这一礼拜内写信真多，若是同一水船到，总要够你们忙好几点钟才
看完。

昨天下午才返清华，今日又有事入城，可巧张之事上午来南长街，没有
见着他，过了新年定要找他谭谭，打听你们的状况。

我昨天才给老白鼻买了许多灯来，已经把他跳得个不亦乐乎。今日把你
带来的皮包打开，先给他穿上那套白羊毛的连衫带裤带袜子，添上手套，变
成一个白狗熊。可惜前几天大雪刚下过了——连下了四天，民国以来没有
之大雪，现在还未化尽——不然叫他在雪里站着真好玩极了，穿了一会脱下
换上那套浅蓝的，再披上昨年寄他的外套，他舍不得脱，现在十点钟了还不
肯去睡，可巧前三天刚带他照过一幅相，等过了新年再叫他穿齐照一幅，你
们看着才知道他如何可爱呢。

谢谢希哲送我的东西真合用，我也学老白鼻样子立刻试用起来了。细婆
的提包等年初一带进城去，只怕把他老人家的嘴也笑得整天合不拢来。细婆
近两三个月哀痛渐忘，终日很快乐的样子，令我们十分高兴。他老人家喜欢
小同同①极了，尤其稀罕的是他一天到晚不哭一声。

我三日前亲自去照相馆，照得幅相，现在只将样本拿来，先寄你和庄庄
各一张——成、永、忠处过几天直接分寄——你们看着一定欢喜得连觉也睡
不着，说道："想不到爹爹这样胖，这样精神！"

达达现在关在协和医院，原来他的病不是痔乃是漏，幸亏早医，不然将
来身子将大吃亏，一定会残废夭折，好在还很轻，他前天割了，只用局部麻

---

① 小同同：即梁启超最小的儿子，一直称他小白鼻。

醉，一点不觉痛，一个礼拜便可出院了。却是他种种计划说：新年如何如何地顽，现在不能不有点失望了。

六六的喉咙本来也要同时割，因为他放学迟，只好过年再说。

我前天看见刘瑞恒，他说已经把我的诊断书寄给你了，收到没有？但现在已经过时，谅来你也不着急了。

麦机路的汉文科，如此规模宏大真可惊羡，张君劢去当教授，当然最好，也许可以去待我和他商量，研究院学生中却也有一两位可充此职，等下次信再详细说罢。

昨天电汇去五百美金想已收到。暑假时庄庄去美国，是我最喜欢的，只管打定主意罢。庄庄今年尚须用多少钱（除这五百金外），我等你信就寄来。

这几天学堂放假，我正在极力玩耍，得你的信助我不少兴致。

丙寅腊不尽二日　一月卅日　爹爹

致孩子们书

1927 年 2 月 28——3 月 1 日

孩子们：

　　今年还是过旧历的生日（因为那天是星期），在城里热闹一两天，今日（旧正月二十七）才回到清华。却是这两天有点小小的不幸，小白鼻病得甚危险，这全然为日本医生所误，小白鼻种痘后有点着凉不舒服，已经几天了，二十五日早上同仁医院医生看过，还说绝不要紧，（许是吃的药错了，早上还好好的。）到晚上十一点钟时病转剧，电召克礼来，已说太迟了，恐怕保不住，连夜由王姨带去医院住，打了无数的药针来 "争命"，能否争得回来，尚不可知（但今天已比前天好得多了）。因此生日那天，王姨整天不在家，家里人都有些着急不欢样子，（细婆最甚，因为他特别喜欢小白鼻。）今日王姨也未回清华，倘若有救，怕王姨还要在城里住一两礼拜才行哩。

　　我在百忙中还打了两天牌，十四五舅姑丈们在一块顽很有趣，但我并没有吃酒，近一年来我的酒真算戒绝了，看着人吃，并不垂涎。

　　过两天细婆、二婶、大姑们要请我吃乡下菜，各人亲自下厨房，每人做两样，绝对不许厨子动手，菜单已开好出来了，真有趣。本来预备今日做，一因我在学校有功课，定要回来，二因王姨没有心神，已改到星期五了（今日是星期一），只有那时小白鼻病好，便更热闹了。

　　回来接着思顺一月二十六、忠忠一月十九的信，和庄庄一月十一日给阿时的信，知道压岁钱已收到了。前几个月我记得有过些时候因功课太忙，许久没有信给你们（难怪你们记挂），最近一两个月来信却像是很多，谅来早已放心了。总之，我体子是好极了，近来精神尤为旺盛，倘使偶然去信少些，也不过是因为忙的缘故，你们万不可以胡猜。

　　使领经费有无着落，还要看一个月方能定，前信说向外国银行借垫，由外交部承认的办法，希哲可以办到不？目前除此恐无他法。

君劢可以就坎大学之聘，我曾有电报告，并问两事：一问所授科目（君劢意欲授中国哲学），二问有中国书籍没有，若没有请汇万元来买（华银）。该电发去半月以上了，我还把回电的（十个字）电费都付过，至今尚未得回电，不知何故。

忠忠信上说的话很对，我断不至于在这个档口出来做什么政治活动，亲戚朋友们也并没有那个怂恿我，你们可以大大放心。但中国现在政治前途像我这样一个人绝对的消极旁观，总不是一回事，非独良心所不许，事势亦不容如此。我已经立定主意，于最近期间内发表我政治上全部的具体主张，现在先在清华讲堂上讲起，分经济制度问题、政治组织问题、社会组织问题、教育问题四项。每礼拜一晚在旧礼堂讲演，已经讲过两回，今日赶回学校，也专为此。以这两回听讲情形而论，像还很好。第二次比前一次听众增加，内中国民党员乃至共产党员听了，（研究院便有共产党二人，国民党七八人。）像都首肯。现在同学颇有人想自组织一精神最紧密之团体（周传儒、方壮猷等），一面讲学，一面作政治运动，我只好听他们做去再看。我想忠忠听着这话最高兴了。

庄庄给时姊的信（时姊去南开教书了），娘娘看见了很高兴。娘娘最记挂的是你，我前些日子和他说笑话，你们学校要请我教书，我愿意带着他和老白鼻们去，把达达们放在家里怎么样？他说很愿意去一年看看你，却是老郭听着着急到了不得，因为舍不得离开老白鼻，真是好笑。

从讲堂下来，不想用心，胡乱和你们谈几句天，便睡觉去了。

二月廿八日　旧正月廿七日　晚十一时　爹爹

今天打电话往城里问小白鼻的病转剧恐怕不会好，只得听其自然。

三月一日下午

致孩子们书
1927 年 3 月 9 日

孩子们：

　　有件小小不幸事情报告你们，那小同同已经死了。他的病是肺炎，在医院住了六天，死得像很辛苦很可怜。这是近一个月来京津间的流行病，听说因这病死的小孩，每天总有好几个，初起时不甚觉得重大，稍迟已无救了。同同大概被清华医生耽搁了三天，（一起病已吃药，但并不对症。）克礼来看时已是不行了。我倒没有什么伤感，他娘娘在医院中连着五天五夜，几乎完全没有睡觉，辛苦憔悴极了。还好他还能达观，过两天身体以及心境都完全恢复了，你们不必担心。

　　当小同同病重时，老白鼻也犯同样的病，当时他在清华，他娘在城里，幸亏发现得早立刻去医，也在德国医院住了四天，现在已经出院四天，完全安心了。克礼说若迟两天医也很危险哩。说起来也奇怪，据老郭说，那天晚上他做梦，梦见你们妈妈来骂他道："那小的已经不行了，老白鼻也危险，你还不赶紧抱他去看，走！走！快走，快走！"就这样的把他从睡梦里打起来了。他明天来和我说，没有说做梦，这些梦话是他到京后和王姨说的。老白鼻夜里咳嗽得颇厉害，但是胃口很好，出恭很好，谅来没什么要紧罢，本来因为北京空气不好，南长街孩子太多，不愿意他在那边住，所以把他带回清华。我叫到清华医院看，也说绝不要紧，到底有点不放心，那天我本来要进城，于是把他带去，谁知克礼一看说正是现在流行最危险的病，叫在医院住下。那天晚上小同便死了。他娘还带着老白鼻住院四天，现在总算安心了。你们都知道，我对于老白鼻非常之爱，倘使他有什么差池，我的刺激却太过了，老郭的梦虽然杳茫，但你妈妈在天天灵常常保护他一群心爱的孩子，也在情理之中，这回把老白鼻救转来是老郭一梦，实也功劳不小哩。

　　使馆经费看着丝毫办法没有，真替思顺们着急，前信说在外国银行自行借垫，由外交部承认担保，这种办法希哲有方法办到吗？望速进行，若不能办到，恐怕除回国外无别路可走，但回国也很难，不惟没有饭吃，只怕连住的地方都没有。北京因连年兵灾，灾民在城圈里骤增十几万，一旦兵事有变动（看着变动很快，怕不能保半年），没有人维持秩序，恐怕京城里绝对不能住，天津租界也不见安稳得多少，因为洋鬼子的纸老虎已经戳穿，那里还能靠租界做避世桃源呢。现在武汉一带，中产阶级简直无生存之余地，你们回来又怎么样呢？所以我颇想希哲在外国找一件职业，暂时维持生活，过一两年再作道理，你们想想有职业可找吗？

前信颇主张思永暑期回国，据现在情形还是不来的好，也许我就要亡命出去了。

这信上讲了好些悲观的话，你们别要以为我心境不好，我现在讲学正讲得起劲哩，每星期有五天讲演，其余办的事，也兴会淋漓，我总是抱着"有一天做一天"的主义（不是"得过且过"却是"得做且做"），所以一样的活泼、愉快，谅来你们知道我的性格，不会替我担忧。

三月九日　爹爹

致孩子们书
1927 年 3 月 10 日

昨信未发，今日又得顺儿正月三十一、二月五日、二月九日，永儿二月四日、十日的信，顺便再回几句。

使领经费看来总是没有办法，问少川也回答不出所以然，不问他我们亦知道情形。二五附加税若能归中央支配，当然那每年二百万是有的，但这点钱到手后，丘八先生那里肯吐出来，现在听说又向旧关税下打主意，五十万若能成功，也可以发两个月，但据我看，是没有希望的。你们不回来，真要饿死，但回来后不能安居，也眼看得见。所以我很希望希哲趁早改行，但改行不是件容易的事，我也很知道，请你们斟酌罢。

藻孙是绝对不会有钱还的，他正在天天饿饭，到处该了无数的账，还有八百块钱是我担保的，也没有方法还起。我看他借贷之路，亦已穷了，真不知他将来如何得了。我现在也不能有什么事情来招呼他，因为我现在所招呼的都不过百元内外的事情，（但现在的北京得一百元的现金收入，已经等于从前的五六百元了，所以我招呼的几个人，别人已经看着眼红。）你二叔在储才馆当很重要的职务，不过百二十元（一天忙得要命），鼎甫在图书馆不过百元，十五舅八十元（算是领干粮不办事），藻孙不愿回北京，他在京也非百元内外可够用，所以我没有法子招呼他，他的前途我看着是很悲惨的，（其实那一个不悲惨，我看许多亲友们一年以后都落到这种境遇。）你别要希望他还钱罢。

我从前虽然很愿意思永回国一年，但我现在也不敢主张了，因为也许回来后只做一年的"避难"生涯，那真不值得了。我看暑假后清华也不是现在的局面了，你还是一口气在外国学成之后再说罢。你的信，我过两天只管再和李济之商量一下，但据现在情形，恐怕连他不敢主张了。

思永说我的《中国史》诚然是我对于国人该下一笔大账，我若不把他做成，真是对国民不住，对自己不住。也许最近期间内，因为我在北京不能安居，逼着埋头三两年，专做这种事业，亦未可知，我是无可无不可，随便环境怎么样，都有我的事情做，都可以助长我的兴会和努力的。

电灯要灭了，再谈罢。

续寄一批相片去，老白鼻的最多，分寄你们各人的你们看着一定喜欢。

三月十日　爹爹

那小同同却是连一个相片也没有留下，老白鼻像他那么大时，已经照过好几张了，可见爹爹偏爱。

致孩子们书

1927 年 3 月 21 日

孩子们：

今日正写起一封短信给思顺，尚未发，顺的二月十八、二十两信同时到了，很喜欢。

问外交部要房租的事，等我试问问顾少川有无办法，若得了此款，便能将就住一年倒很好，因为回国后什么地方能安居，很是渺茫。

今日下午消息很紧，恐怕北京的变化意外迅速，朋友多劝我早为避地之计（上海那边如黄炎培及东南大学稳健教授都要逃难），因为暴烈分子定要和我过不去，是显而易见的。更恐北京有变后，京、津交通断绝，那时便欲避不能。我现在正在斟酌中。本来拟在学校放暑假前作一结束，现在怕等不到那时了。

在这种情形之下，思永回国问题当然再无商量之余地，把前议完全打消罢。

再看一两星期怎么样，若风声加紧，我便先回天津；若天津秩序不乱，我也许可以安居，便屏弃百事，专用一两年工夫，做那《中国史》，若并此不能，那时再想方法。总是随遇而安，不必事前干着急。

南方最闹得糟的是两湖，比较好的是浙江。将来北方怕要蹈两湖覆辙，因为穷人太多了，（浙江一般人生活状况还好，所以不容易赤化。）我总感觉着全个北京将有大劫临头，所以思顺们立刻回来的事，也不敢十分主张。但天津之遭劫，总该稍迟而且稍轻。你们回来好在人不多，在津寓或可以勉强安居。

还有一种最可怕的现象——金融界破裂。我想这是免不了的事，很难捱过一年，若到那一天，全国中产阶级真都要饿死了。现在湖南确已到这种田地，试举一个例：蔡松坡家里的人已经饿饭了，现流寓在上海。他们并非有意与蔡松坡为难（他们很优待他家），但买下那几亩田没有人耕，迫着要在外边叫化，别的人更不消说了。

恐怕北方不久也要学湖南榜样。

我本来想凑几个钱汇给思顺，替我存着，预备将来万一之需，但凑也凑不了多少，而且寄往远处，调用不便，现在打算存入（连兴业的透支可凑万元）花旗银行作一两年维持生活之用。

这些话本来不想和你们多讲，但你们大概都有点见识，有点器量，谅来也不至因此而发愁着急，所以也不妨告诉你们。总之，我是捱得苦的人，你们都深知道全国人都在黑暗和艰难的境遇中，我当然也该如此，（只有应该比别人加倍，因为我们平常比别人舒服加倍。）所以这些事我满不在意，总是老守着我那"得做且做"主义，不惟没有烦恼，而且有时兴会淋漓。

电灯要灭了，睡觉去，再谈。

三月廿一晚　爹爹

致孩子们书
1927 年 3 月 29 日

孩子们：

　　这几天上海、南京消息想早已知道了。南京事件真相如何，连我也未十分明白（也许你们消息比我还灵通），外人张大其词，虽在所不免，然党军中有一部分人有意捣乱，亦绝无可疑。蒋介石辈非共产党，现已十分证明，然而他们压制共党之能力何如，恐怕连他们自己也不敢相信。现在上海正在两派肉搏混斗中，形势异常惨淡。……

　　北京正是满地火药，待时而发，一旦爆裂，也许比南京更惨。希望能暂时弥缝，延到暑假。暑假后大概不能再安居清华了。天津也不稳当，但不如北京之绝地，有变尚可设法避难，现已饬人打扫津屋，随时搬回。司马懿、六六们的培华，恐亦开不成了（中西、南开也是一样）。

　　现在最令人焦躁者，还不止这些事。老白鼻得病已逾一月，时好时发，今日热度很高，怕成肺炎，我看着很难过。

　　我十天前去检查身体一次，一切甚好，血压极平稳，心脏及其他都好，惟"赤化"不灭。医生说："没有别的药比节劳更要紧。"近来功课太重，几乎没有一刻能停，若时局有异动，而天津尚能安居，利于养生有益哩。

　　顾少川说汇点钱给你们，不知曾否汇去，已再催他了。思永回国事，当然罢议。思顺们或者还是回来共尝苦辛罢。

三月廿九日　爹爹

致孩子们书

1927 年 3 月 30 日

　　老白鼻病厉害极了，昨天早上还是好好的，说笑跳玩，下午忽然发起烧来，夜里到三十九度四，现在证明是由百日咳转到肺炎，很危险，拟立刻送到城里去入协和医院。（还不知协和收不收，清华医院正在打电话去问。）只望他能脱渡危关，我们诚心求你妈妈默佑他。

　　我现在心很乱，今日讲课拟暂停了，正在靠临帖来镇定自己。

三月三十日　　爹爹

现在我立刻入城去。

致梁思顺书

1927 年 4 月 2 日

顺儿：

前三天因老白鼻着急万分，你们看信谅亦惊惶，现在险象已过，大约断不至有意外。现又由协和移入德院，因协和不准亲人在旁，以如此小孩委之看护妇，彼终日啼哭，病终难愈也。北京近两月来死去小孩无数，现二叔家的李妹妹两个又都在危险中，真令人惊心动魄。气候太不正常了，再过三天便是清明，今日仍下雪，寒暑表早晚升降，往往相差二十度，真难得保养也。

我受手术后，刚满一年，因老白鼻入协和之便，我也去住院两日，切实检查一番（今日上午与老白鼻同时出院），据称肾的功能已完全回复，其他各部分都很好，"赤化"虽未殄灭，于身体完全无伤，不理他便是。他们说惟一的药，只有节劳（克礼亦云然）。此亦老生常谈，我总相当的注意便是。

前得信后，催少川汇款接济（千五百美金），彼回信言即当设法。又再加信催促，嘱彼汇后复我一信，今得信言三月二十七已电汇二千三百元。又王荫泰亦有信来，今一并寄阅。（部中大权全在次长手，我和他不相识，所以前致少川信问候他，他来信却非常恭敬。）此款谅已收到，你们也可以勉强多维持几个月了。

我大约必须亡命，但以现在情形而论，或者可以捱到暑假。本来打算这几天便回天津，现在拟稍迟乃行。

老白鼻平安，真谢天谢地，我很高兴，怕你们因前信担忧，所以赶紧写这封。

四月二日　爹爹　南长街发

一九二七年家书

| 179 |

致孩子们书

1927 年 4 月 19—20 日

孩子们：

近来因老白鼻的病，足足闹了一个多月，弄得全家心绪不宁，现在好了，出院已四日了。

二叔那边的孪妹妹，到底死去一个，那一个还在危险中。

达达受手术后身体强壮得多，将来智慧也许增长哩。

六六现又入协和割喉咙，明天可以出院了，据医生说道也于智慧发达极有关系，割去后试试看如何？你们姊妹弟兄中六六真是草包，至今还不会看表哩！他和司马懿同在培华，司马连着两回月考都第一，他都是倒数第一，他们的先生都不行，他两个是同怀姊妹。

我近来旧病发得颇厉害，三月底到协和住了两天，细细检查一切如常，但坚嘱节劳，谓舍此别无他药（今将报告书寄阅）。本来近日未免过劳，好在快到暑假了。暑假后北京也未必能住，借此暂离学校，休养一下也未尝不好，在学校总是不能节劳的。

清明日我没有去上坟，只有王姨带着司马懿去（达达在天津，老白鼻在医院），细婆和七妹也去。我因为医生说最不可以爬高走路，只好不去。

南海先生忽然在青岛死去，前日我们在京为他而哭，好生伤感。我的祭文，谅来已在《晨报》上见着了。他身后萧条得万分可怜，我得着电报，赶紧电汇几百块钱去，才能草草成殓哩。我打算替希哲送奠敬百元。你们虽穷，但借贷典当，还有法可想。希哲受南海先生提携之恩最早，总应该尽一点心，谅来你们一定同意。

四月十九日写

近来时局越闹得八塌糊涂，谅来你们在外国报纸上早看见了有许多情形，想告诉你们，今日太忙先把这信寄了再说罢。

四月二十日　　爹爹

六六今日下午已经出院了。王姨今日回天津去料理那些家事。

第二次所寄相片想收到了，司马懿、六六、老白鼻合照的那一张好顽吗？……现在大概可苟安三几个月，我决意到放暑假才出京去，要说的话真太多，下次再写罢。

致梁思顺书

1927 年 5 月 4 日

顺儿：

我有封长信给你们（内关于忠忠想回国的事）。写了好几天，还没有完，现在有别的事，先告诉你。

现在因为国内太不安宁，大有国民破产的景象，真怕过一两年，连我这样大年纪也要饿饭，所以我把所有的现钱凑五千美金汇存你那里，请你们夫妇替我经理着，生一点利息，最好能靠这点利息供给庄庄们的学费，本钱便留着作他日不时之需。你去年来信不是说那边一分利以上事业，还很有机会吗？请你们全权替我经营，（虽亏本也不要紧，凡生意总不能说一定有盈无亏的，总之，我全权托你们就是。）过一两月若能将所有股票之类卖些出去，我还想凑足美金一万元哩。你说好不好。

久大本定期发息，广告早已出来了，因汉口将所有商民现金一概没收，久大便去了四十多万，今年不发息了。此外无论何种事业都受影响。简单说，稍微有点萌芽的工商业这次都一扫而空了，党人只是和本国人过不去，专门替帝国主义造机会罢。

李柳溪回信寄上。

你们外交官运气也真坏，外交部好容易凑得七万五千美金，向使领馆稍为点缀点缀，被汇丰银行中国账房倒账，只怕连这点都落空了。

其余改天再谈。五千美金有一千由北京通易公司汇，有四千由天津兴业汇，想不久当陆续汇到。

五月四日　爹爹

致孩子们书

1927 年 5 月 5 日

孩子们：

　　这个礼拜寄了一封公信，又另外两封（内一封由坎转）寄思永，一封寄思忠，都是商量他们回国的事，想都收到了。

　　近来连接思忠的信，思想一天天趋到激烈，而且对于党军胜利似起了无限兴奋，这也难怪。本来中国十几年来，时局太沉闷了，军阀们罪恶太贯盈了，人人都痛苦到极，厌倦到极，想一个新局面发生，以为无论如何总比旧日好，虽以年辈很老的人尚多半如此，何况青年们！所以你们这种变化，我绝不以为怪，但是这种希望，只怕还是落空。

　　我说话很容易发生误会，因为我向来和国民党有那些历史在前头。其实我是最没有党见的人，只要有人能把中国弄好，我绝不惜和他表深厚的同情，我从不采那“非自己干来的都不好”那种偏狭嫉妒的态度。……

　　在这种状态之下，于是乎我个人的出处进退发生极大问题。近一个月以来，我天天被人（却没有奉派军阀在内）包围，弄得我十分为难。简单说许多部分人太息痛恨于共党，而对于国党又绝望，觉得非有别的团体出来收拾不可，而这种团体不能不求首领，于是乎都想到我身上。其中进行最猛烈者，当然是所谓“国家主义”者那许多团体，次则国党右派的一部分人，次则所谓“实业界”的人（次则无数骑墙或已经投降党军而实在是假的那些南方二、三等军队）这些人想在我的统率之下，成一种大同盟。他们因为团结不起来，以为我肯挺身而出，便团结了，所以对于我用全力运动。除直接找我外，对于我的朋友、门生都进行不遗余力，（研究院学生也在他们运动之列，因为国家主义青年团多半是学生。）我的朋友、门生对这问题也分两派：张君劢、陈博生、胡石青等是极端赞成的，丁在君、林宰平是极端反对的。他们双方的理由，我也不必详细列举。总之，赞成派认为这回事情比洪宪更重大万倍，断断不能旁观；反对派也承认这是一种理由。其所以反对，专就我本人身上说，第一是身体支持不了这种劳苦，第二是性格不宜于政党活动。

我一个月以来，天天在内心交战苦痛中。我实在讨厌政党生活，一提起来便头痛。因为既做政党，便有许多不愿见的人也要见，不愿做的事也要做，这种日子我实在过不了。若完全旁观畏难躲懒，自己对于国家实在良心上过不去。所以一个月来我为这件事几乎天天睡不着，（却是白天的学校功课没有一天旷废，精神依然十分健旺。）但现在我已决定自己的立场了。我一个月来，天天把我关于经济制度（多年来）的断片思想，整理一番。自己有却信的主张，（我已经有两三个礼拜在储才馆、清华两处讲演我的主张。）同时对于政治上的具体办法，虽未能有很惬心贵当的，但确信代议制和政党政治断不适用，非打破不可。所以我打算在最近期间内把我全部分的主张堂堂正正著出一两部书来，却是团体组织我绝对不加入，因为我根本就不相信那种东西能救中国。最近几天，季常从南方回来，很赞成我这个态度。（丁在君们是主张我全不谈政治，专做我几年来所做的工作，这样实在对不起我的良心。）我再过两礼拜，本学年功课便已结束，我便离开清华，用两个月做成我这项新工作。（煜生听见高兴极了，今将他的信寄上，谅来你们都同此感想吧。）

思永来信说很表同情于共产主义，我看了不禁一惊，并非是怕我们家里有共产党，实在看见像我们思永这样洁白的青年，也会中了这种迷药，即全国青年之类此者何限，真不能不替中国前途担惊受怕。因此越发感觉有做文章之必要。你们别要以为我反对共产，便是赞成资本主义。我反对资本主义比共产党还厉害。我所论断现代的经济病态和共产同一的"脉论"，但我确信这个病非共产那剂药所能医的。我倒有个方子，这方子也许由中国先服了，把病医好，将来全世界都要跟我们学。我这方子大概三个月后便可以到你们眼边了。思永不是经济学专门家，当然会误认毒药为良方；但国内青年像思永这样的百分中居九十九，所以可怕。等我的方子出来后看可以挽回多少罢。

以下的话专教训忠忠。

三个礼拜前，接忠忠信，商量回国，在我万千心事中又增加一重心事。我有好多天把这问题在我脑里盘旋。因为你要求我保密，我尊重你的意思，在你二叔、你娘娘跟前也未提起，我回你的信也不由你姊姊那里转。但是关于你终身一件大事情，本来应该和你姊姊、哥哥们商量，（因为你姊姊哥哥不同别家，他们都是有程度的人。）现在得姊姊信，知道你有一部分秘密已经向姊姊吐露了，所以我就在这公信内把我替你打算的和盘说出，顺便等姊姊、哥哥们都替你筹划一下。

你想自己改造环境，吃苦冒险，这种精神是很值得夸奖的，我看见你这信非常喜欢。你们谅来都知道，爹爹虽然是挚爱你们，却从不肯姑息溺爱，常常盼望你们在苦困危险中把人格能磨练出来。你看这回西域冒险旅行，我想你三哥加入，不知多少起劲，就这一件事也很可以证明你爹爹爱你们是如何的爱法了。所以我最初接你的信，倒有六、七分赞成的意思，所费商量者，就只在投奔什么人——详情已见前信，想早已收到——我当时回你信过后，我便立刻找蒋慰堂叫去商量白崇禧那里，又找林宰平商量李济琛那里。你的秘密我就只告诉这两个人。（前天季常来问起这件事，我大吃一惊，连你二叔都不知道，他怎么会知道呢？原来是宰平告诉他，宰平也颇赞成。）现在都还没有回信——因为交通梗塞，通信极慢——但现在我主张已全变，绝对的反对你回来了。因为三个礼拜前情形不同，对他们还有相当的希望，觉得你到那边阅历一年总是好的。现在呢？对于白、李两人虽依然不绝望——假使你现在国内，也许我还相当的主张你去——但觉得老远跑回来一趟，太犯不着了。头一件，现在所谓北伐，已完全停顿，参加他们军队，不外是参加他们火拼，所为何来？第二件，自从党军发展之后，素质一天坏一天，现在迥非前比。白崇禧军队算是极好的，到上海后纪律已大坏，人人都说远不如孙传芳军哩。跑进去不会有什么好东西学得来。第三件，他们正火拼得起劲——李济琛在粤，一天内杀左派二千人，两湖那边杀右派也是一样的起劲——人人都有自危之心，你们跑进去立刻便卷挽在这种危险漩涡中。危险固然不必避，但须有目的才犯得着冒险。现这样不分皂白切葱一般杀人，死了真报不出账来。冒险总不是这种冒法。这是我近来对于你的行止变更主张的理由，也许你自己亦已经变更了。我知道你当初的计画，是几经考虑才定的，并不是一时的冲动。但因为你在远，不知事实，当时几视党人为神圣，想参加进去，最少也认为是自己历练事情的惟一机会。这也难怪。北京的智识阶级，从教授到学生，纷纷南下者，几个月以前不知若干百千人；但他们大多数都极狼狈、极失望而归了。你若现成在中国，倒不妨去试一试（他们也一定有人欢迎你），长点眼识，但老远跑回来，在极懊丧、极狼狈中白费一年光阴却太不值了。

至于你那种改造环境的计画，我始终是极端赞成的，早晚总要实行三几年，但不争在这一时。你说："照这样舒服几年下去，便会把人格送掉。"这是没出息的话！一个人若是在舒服的环境中会消磨志气，那么在困苦懊丧的环境中也一定会消磨志气，你看你爹爹困苦日子也过过多少，舒服日子也经过多少，老是那样子，到底志气消磨了没有？——也许你们有时会感觉爹爹是怠惰了（我自己常常有这种警惧），不过你再转眼一看，一定会仍旧看清楚不是这样——我自己常常感觉我要拿自己做青年的人格模范，最少也要不愧做你们姊妹弟兄的模范。我又很相信我的孩子们，个个都会受我这种遗传和教训，不会因为环境的困苦或舒服而堕落的。你若有这种自信力，便"随遇而安"的做现在所该做的工作，将来绝不怕没有地方没有机会去磨练，你放心罢。

你明年能进西点便进去，不能也没有什么可懊恼，进南部的"打人学校"也可，到日本也可，回来入黄埔也可（假使那时还有黄埔），我总尽力替你设法。就是明年不行，把政治经济学学得可以自信回来，再入那个军队当排长，乃至当兵，我都赞成。但现在殊不必牺牲光阴，太勉强去干。所以无论宰平们回信如何，我都替你取消前议了。你试和姊姊、哥哥们切实商量，只怕也和我同一见解。

这封信前后经过十几天，才陆续写成，要说的话还不到十分之一。电灯久灭了，点着洋蜡，赶紧写成，明天又要进城去。

你们看这信，也该看出我近来生活情形的一斑了。我虽然为政治问题很绞些脑髓，却使我本来的工作并没有停。每礼拜四堂讲义都讲得极得意，（因为《清华周刊》被党人把持，周传儒不肯把讲义笔记给他们登载。）每次总讲两点钟以上，又要看学生们成绩，每天写字时候仍极多。昨今两天给庄庄、桂儿写了两把小楷扇子。每天还和老白鼻顽得极热闹，陆续写给你们的信也真不少。你们可以想见爹爹精神何等健旺了。

五月五日　爹爹

致梁思顺书

1927 年 5 月 11 日

　　麦机路送我学位，我真是想去，但今年总来不及了（谅来总是在行毕业礼时）。明年你若还留坎京，我真非来不可。到那时国内情形又不知变成怎样，或者我到美国无甚危险，亦不可知。受他招待倒没有什么不可。他们若再来问时，你便告诉他说："明年若国内无特别事故，当可一来。" 因为我来看你们一趟之后，心里不知几多愉快，精神力量都要加增哩。

　　北京局面现在当可苟安，但隐忧四伏，最多也不过保持年把命运罢了。将来破绽的导火线，发自何方，现在尚看不出。大概内边是金融最危险，外边是蒙古边境最危险。南方党军已到潮落的时候，其力不能侵北……全国只有一天一天趋到混乱，举国中无一可以戡定大难之人，真是不了。多数人尤其是南方的智识阶级，颇希望我负此责任，我自审亦一无把握，所以不敢挑起担子。日来为这大问题极感苦痛，只好暂时冷静看一看再说罢。

　　再过两礼拜，我便离开学校，仍到北戴河去，你们来信寄天津或北戴河便得。

　　汇去五千美金，想先后收到，你们的留支，过十天八天再寄罢。

五月十一日　爹爹

致梁思顺书

1927 年 5 月 13 日

顺儿：

我看见你近日来的信，很欣慰。你们缩小生活程度，暂在坎坷一两年，是最好的。你和希哲都是寒士家风出身，总不要坏自己家门本色，才能给孩子们以磨练人格的机会。生当乱世，要吃得苦，才能站得住（其实何止乱世为然），一个人在物质上的享用，只要能维持着生命便够了。至于快乐与否，全不是物质上可以支配。能在困苦中求出快活，才真是会打算盘哩。何况你们并不算穷苦呢？拿你们（两个人）比你们的父母，已经舒服多少倍了，以后困苦日子，也许要比现在加多少倍，拿现在当作一种学校，慢慢磨练自己，真是再好不过的事，你们该感谢上帝。

你好几封信提小六还债事，我都没有答复。我想你们这笔债权只好算拉倒罢。小六现在上海，是靠向朋友借一块两块钱过日子，他不肯回京，即回京也没有法好想，他因为家庭不好，兴致索然，我怕这个人就此完了。除了他家庭特别关系以外，也是因中国政治太坏，政客的末路应该如此。（八百猪仔，大概都同一命运吧。）古人说："择术不可不慎"，真是不错。但亦由于自己修养工夫太浅，所以立不住脚，假使我虽处他这种环境，也断不至像他这样子。他还没有学下流，到底还算可爱，只是万分可怜罢了。

我们家几个大孩子大概都可以放心，你和思永大概绝无问题了。思成呢？我就怕因为徽音的境遇不好，把他牵动，忧伤憔悴是容易消磨人志气的（最怕是慢慢的磨）。即如目前因学费艰难，也足以磨人；但这是一时的现象，还不要紧，怕将来为日方长。我所忧虑者还不在物质上，全在精神上。我到底不深知徽音胸襟如何；若胸襟窄狭的人，一定抵挡不住忧伤憔悴，影响到思成，便把我的思成毁了。你看不至如此吧！关于这一点，你要常常帮助着思成注意预防。总要常常保持着元气淋漓的气象，才有前途事业之可言。

　　思忠呢，最为活泼，但太年轻，血气未定，以现在情形而论，大概不会学下流，（我们家孩子断不至下流，大概总可放心。）只怕进锐退速，受不起打击。他所择的术——政治军事——又最含危险性，在中国现在社会做这种职务很容易堕落。即如他这次想回国，虽是一种极有志气的举动，我也很夸奖他，但是发动得太孟浪了。这种过度的热度，遇着冷水浇过来，就会抵不住。从前许多青年的堕落，都是如此。我对于这种志气，不愿高压，所以只把事业上的利害慢慢和他解释，不知他听了如何？这种教育方法，很是困难，一面不可以打断他的勇气，一面又不可以听他走错了路，（走错了本来没有什么要紧，聪明的人会回头另走，但修养工夫未够，也许便因挫折而堕落。）所以我对于他还有好几年未得放心，你要就近常察看情形，帮着我指导他。

　　今日没有功课，心境清闲得很，随便和你谈谈家常，很是快活，要睡觉了，改天再谈罢。

五月十三日　爹爹

致孩子们书

1927 年 5 月 31 日

孩子们：

　　本拟从容到暑假时乃离校，这两天北方局势骤变，昨今两日连接城里电话，催促急行，乃仓皇而遁，可笑之至。好在校阅成绩恰已完功，本年学课总算全始全终，良心上十分过得去。

　　今日一面点检行李，（因许多要紧书籍稿件拟带往津。）下午急急带着老白鼻往坟上看一趟，（因为此次离开北京，也许要较长的时日才能再来。）整夜不睡，点着蜡结束校中功课及其他杂事，明日入城，后日早车往津。

　　今日接思永信，说要去西部考古，我极赞成，所需旅费美金二百，即汇去，计共汇中国银一千二百元（合美金多少未分），内七百五十元系希哲四、五、六三个月留支（先垫出一个月），余四百五十元即给永旅费，顺收到美金多少，即依此数分配便是。若永得到监督处拨款，此数（四百五十元）即留为庄学费。

　　津租界或尚勉强可住，出去数日看情形如何，再定行止，不得已或避地日本，大约不消如此。我本身无特别危险，只要地方安宁，便可匿迹销声，安住若干时日。

　　北京却险极，恐二叔也要逃难。

五月卅一日　天将亮　爹爹

致孩子们书

1927 年 6 月 14—15 日

孩子们：

三个多月不得思成来信，正在天天悬念，今日忽然由费城打回头相片一包——系第一次所寄者（阴历新年），合家惊皇失措。当即发电坎京询问，谅一二日即得复电矣。你们须知你爹爹是最富于情感的人，对于你们的爱情，十二分热烈。你们无论功课若何忙迫，最少隔个把月总要来一封信，便几个字报报平安也好。你爹爹已经是上年纪的人，这几年来，国忧家难，重重叠叠，自己身体也不如前。你们在外边几个大孩子，总不要增我的忧虑才好。

我本月初三离开清华，本想立刻回津，第二天得着王静安 ① 先生自杀的噩耗，又复奔回清华，料理他的后事及研究院未完的首尾，直至初八才返到津寓。现在到津已将一星期了。

静安先生自杀的动机，如他遗嘱上所说："五十之年，只欠一死，遭此世变，义无再辱。"他平日对于时局的悲观，本极深刻。最近的刺激，则由两湖学者叶德辉 ②、王葆心之被枪毙。叶平日为人本不自爱（学问却甚好），也还可说是有自取之道，王葆心是七十岁的老先生，在乡里德望甚重，只因通信有"此间是地狱"一语，被暴徒搜出，极端箠辱，卒致之死地。静公深痛之，故效屈子沉渊，一暝不复视。此公治学方法，极新极密，今年仅五十一岁，若再延寿十年，为中国学界发明，当不可限量。今竟为恶社会所杀，海内外识与不识莫不痛悼。研究院学生皆痛哭失声，我之受刺激更不待

---

① 王静安：即王国维，字静安，号观堂，王国维是中国近、现代相交时期一位享有国际声誉的著名学者。

② 叶德辉：湖南湘潭人，光绪进士，于维新运动中反对变法，为湖南顽固派首领。1927 年"大革命"时为革命群众作为劣绅处死。

言了。

半月以来，京津已入恐慌时代，亲友们颇有劝我避地日本者，但我极不欲往，因国势如此，见外人极难为情也。天津外兵云集，秩序大概无虞。昨遣人往询意领事，据言意界必可与他界同一安全。既如此，则所防者不过暴徒对于个人之特别暗算。现已实行闭门二字，镇日将外园铁门关锁，除少数亲友外，不接一杂宾，亦不出门一步，决可无虑也。

以上六月十四写

十五日傍晚，得坎京复电，大大放心了。早上检查费城打回之包封，乃知寄信时神经病的阿时将住址写错——错了三十多条街，难怪找不着了。但远因总缘久不接思成信。我一个月来常常和王姨谈起，担心思成身子。昨日忽接该件，王姨惊慌失其常度，（王姨急得去扶乩问你妈，谁知请了半点钟，竟请不来，从前不是说过三年后便不来吗？恐怕真的哩！但前三个月老白鼻病时，还请来过一次，请不到的实以此次为始。）只好发电一问以慰其心。你们知道家中系念游子，每月各人总来一信便好了。

我一个月来旧病发得颇厉害，约摸四十余天没有停止。原因在学校暑期前批阅学生成绩太劳，王静安事变又未免大受刺激。到津后刻意养息，一星期来真是饱食终日无所用心。这两天渐渐转过来了。好在下半年十有九不再到清华，趁此大大休息年把，亦是佳事。

我本想暑期中作些政论文章，蹇季常、丁在君、林宰平大大反对，说只有"知其不可而为之"，没有"知其不可而言之"。他们的话也甚有理，我决意作纯粹的休息。每天除写写字、读读文学书外，更不作他事。如此数月，包管旧病可痊愈。

十五舅现常居天津，（我替他在银行里找得百元的差事，他在储才馆可以不到。）隔天或每天来打几圈牌，倒也快活。

我若到必须避地国外时，与其到日本，宁可到坎拿大。我若来坎时，打算把王姨和老白鼻都带来，或者竟全眷俱往，你们看怎么样？因为若在坎赁屋住多三几人吃饭差不了多少，所差不过来往盘费罢了。麦机利教授我也愿意当，但惟一的条件，须添聘思永当助教（翻译）。希哲不妨斟酌情形，向该校示意。

以现在局势论，若南京派得势，当然无避地之必要；若武汉派得势，不独我要避地，京津间无论何人都不能安居了。以常理论，武汉派似无成功之可能。然中国现情，多不可以常理测度，所以不能不做种种准备。

广东现在倒比较安宁些，（专指广州言），那边当局倒还很买我的面子。两个月前新会各乡受军队骚扰，勒缴乡团枪支，到处拿人，茶坑亦拿去四十几人，你四叔也在内。（你四叔近来很好，大改变了。）乡人函电求救情词哀切，我无法，只好托人写一封信去，以为断未必发生效力，不过稍尽人事罢了，谁知那信一到，便全体释放（邻乡皆不如是），枪支也发还，且托人来道歉。我倒不知他们对于我何故如此敬重，亦算奇事了。若京津间有大变动时，拟请七叔奉细婆仍回乡居住，倒比在京放心些。

前月汇去美金五千元，想早收到。现在将中国银行股票五折出卖，（买时本用四折，中交票领了七八年利息，并不吃亏。）卖去二百股得一万元，日内更由你二叔处再凑足美金五千元汇去，想与这信前后收到。有一万美金，托希哲代为经营，以后思庄学费或者可以不消我再管了。

天津租界地价渐渐恢复转来，新房子有人要买。我索价四万五千，若还到四万，打算也出脱了，便一并汇给你们代理。

忠忠劝我卫生的那封六张纸的长信，半月前收到了。好罗唆的孩子，管爷管娘的，比先生管学生还严，讨厌讨厌。但我已领受他的孝心，一星期来已实行八九了。我的病本来是"无理由"，而且无妨碍的，因为我大大小小事，都不瞒你们。所以随时将情形告诉你们一声，你们若常常罗唆我，我便不说实话，免得你们担心了。

夜深了，下次再谈。

六月十五晚　爹爹

老白鼻已复原，天天自己造新歌来唱，有趣得很。

暑期中替达达们聘得一位先生专教国文，其人系研究院高才生。

致梁思顺书

1927 年 6 月 23 日

顺儿：

一星期前由二叔处寄去美金五千想收，今再将副票寄上。十九日接思永信，言决廿一日离美返国，因京津间形势剧变，故即发电阻止。思永此次行止屡变，皆我所致，然亦缘时局太难捉摸耳。我现在作暑期后不复入京之计画，又打算非到万不得已时不避地国外，似此倒觉极安适。旬日实行休息，病又将痊愈（佳像为近三个月所无），近虽著述之兴渐动，然仍极力节制，决俟秋凉后，乃着手工作。顷十五舅在津，每日来家晚饭，饭后率打牌四圈至八圈，饭菜都是王姨亲做（老吴当二把刀）。达达等三人聘得一位先生专教国文，读得十二分起劲。据他们说读一日，比在校中读三、四日得益更多也。那先生一面当学生，也高兴到了不得。

六月廿三日　爹爹

老白鼻这几天的新歌一首代写出："我有两个名字，一个叫梁思礼。"他专做韵文，隔几天便换一首，也没有人教他，他总是在那里哼哼。

致梁思顺书

1927 年 7 月 3 日

顺儿：

这几天热得很，楼上书房简直不能坐，我每天在大客厅铺张藤床，看看书，睡睡午觉，十五舅来打打牌，就过一天，真是饱食终日（胃口大好，饭量增加半碗）无所用心。却也奇怪，大半年来的病好的清清楚楚了，和去年忠忠动身后那个把月一样。这样看来，这病岂不是"老太爷病"吗？要享清福的人才配害的，与我的性格太不相容了。但是倘使能这样子几个月便断根，那么牺牲半年或大半年的工作，我也愿意的。

我现在对于北京各事尽行辞却，因为既立意不到京，决不肯拿干薪，受人指摘，自己良心更加不安。北京图书馆不准我辞，我力请的结果，已准请假，派静生代理。（薪水当然归静生，我决不受。）储才馆现尚未摆脱，但尽一月内非摆脱不可，清华也还摆脱不了，或者改用函授，亦勉强不辞。独有国立京师图书馆，因前有垫款关系，此次美庚款委员会以我在馆长职为条件，乃肯接济，故暂且不辞。几件事里头，以储才馆最为痛心。我费半年精神下去，成绩真不坏，若容我将此班办到卒业，必能为司法界立一很好的基础，现在只算白费心力了。北京图书馆有静生接手，倒是一样。清华姑且摆在那里再说。我这样将身子一抖，自己倒没有甚么（不过每月少去千把几百块钱收入），却苦了多少亲戚朋友们了。二叔咧、七叔咧、十五舅咧、赵表叔咧、廷灿咧、黑二爷咧，都要受影响，（二叔中国银行事还在，倒没有甚么，但怕也不能长久。十五舅现在只有交通银行百元了。）但也顾不得许多了。其实为我自己身子计，虽没有时局的变迁，也是少揽些事才好。所以王姨见我摆脱这些事，却大大高兴，谅来你们也同一心理。

前几天写一封信，搁了许多天未寄，陆续接到六月一日、九日两封长信，知第一次之五千元已收到了……第二次由二叔处汇去美金五千，想又收到。希哲意先求稳当,最好以希哲的才干经理这点小事,一定千妥万妥的。你也不必月月有报告,你全权管理着就是了。我还想将家里点点财产,陆续处分处分,得多少都交你们替我经营去。

七月三日　爹爹

致孩子们书

1927 年 10 月 11 日

孩子们

我在协和住了十二日，现在又回到天津了。十二日的结果异常之好，血压由百四五十度降到百零四度，小便也跟着清了许多。但医生声明不是吃药的功效，全由休息及饮食上调养得来，现回家已十日。生活和在医院差不多，病亦日见减轻。若照此半年下去，或许竟有复原之望。

思永天天向我唠叨，说我不肯将自己作病人看待。我因为体中并无不适处，如何能认做病人。这次协和详细检查，据称每日所失去之血，幸而新血尚能补上，故体子不致大吃亏。但每日所补者总差些微不足（例如失了百分，补上九个九分），积欠下去，便会衰弱，所以要在起居饮食上调节，令其逐渐恢复平衡。现在全依医生的话，每天工作时间极少，十点钟便上床，每晚总睡八小时以上，食物禁蛋白质，禁茶、咖啡等类（酒不必说绝不入口）。半月以来日起有功了。

思永主张在清华养病，他娘娘反对。在清华的好处是就医方便，但这病既不靠医药，即起居饮食之调养，仍是天津方便得多，而且我到了清华后，节劳到底是不可能的。所以讨论结果，思永拗不过他娘娘。现在看来幸亏没有再搬入京，奉、晋开战后，京中人又纷纷搬家了。

思永原定本月四日起程考古，行装一切已置备，火车位已定妥了，奉、晋战事于其行期三日前爆发，他这回回国计画失败大半了。（若早四五日去，虽是消息和此间隔绝，倒可以到他的目的地。）幸亏思忠没有回来。前所拟议的学校，现在都解散了。生当今日的中国，再没有半年以上的主意可打，真可痛心。

现在战事正在酣畅中，胜负如何，十日后当见分晓，但无论何方胜，前途都不会有光明，奈何奈何！要说的话很多，严守医生之训，分做两三次写罢。

双十节后一日　爹爹

有我写的字和余樾园写的画裱好了，寄给你们打扮打扮你们的小书房。

致孩子们书

1927 年 10 月 29—11 月 15 日

孩子们：

又像许久没有写信了，近一个月内连接顺、忠、庄好多信，独始终没有接到思成的，令我好生悬望。每逢你们三个人的信到时，总盼着一两天内该有思成的一封，但希望总是落空。今年已经过去十个月了。像仅得过思成两封信（最多三封），我最不放心的是他，偏是他老没有消息来安慰我一下，这两天又连得顺、忠的信了，不知三五天内可有成的影子来。

我自从出了协和，回到天津以来，每天在起居饮食上十二分注意，食品全由王姨亲手调理，睡眠总在八小时以上，心思当然不能绝对不用，但常常自己严加节制，大约每日写字时间最多，晚上总不做什么工作。"赤化"虽未能骤绝，但血压逐渐低下去，总算日起有功。

我给你们每人写了一幅字，写的都是近诗，还有余樾园给你们每人写了一幅画，都是极得意之作。正裱好付邮，邮局硬要拆开看，认为贵重美术品要课重税，只好不寄，替你们留在家中再说罢。另有扇子六把（希哲、思顺、思成、徽音、忠忠、庄庄各一），已经画好，一两天内便写成，即当寄去。

思成已到哈佛没有？徽音又转学何校？我至今未得消息不胜怅惘，你们既不愿意立即结婚，那么总以暂行分住两地为好，不然生理上精神上或者都会发生若干不良的影响。这虽是我远地的幻想或不免有点过忧。但这种推理也许不错，你们自己细细测验一下，当与我同一感想。

我在这里正商量替你们行庄重的聘礼，已和卓君庸商定，大概他正去信福州，征求徽音母亲的意见，一两星期内当有回信了，届时或思永福鬘的聘礼同时举行亦未可知。

成、徽结婚的早晚，我当然不干涉。但我总想你们回国之前，先在欧洲住一年或数月，因为你们学此一科，不到欧洲实地开开眼界是要不得的。回国后再作欧游谈何容易，所以除了归途顺道之外，没有别的机会。既然如此，则必须结婚后方上大西洋的船，殆为一定不易的办法了。我想的乘暑假后你们也应该去欧洲了，赶紧商议好，等我替你们预备罢。

还有一段事实不能不告诉你们——若现在北京主权者不换人，你们婚礼是不能在京举行的，理由不必多说，你们一想便知，若换人时恐怕也带着换青天白日旗。北京又非我们所能居了。所以恐怕到底不是你们结婚的地点。

忠忠到维校之后来两封信，都收到了。借此来磨练自己的德性，是最好不过的了，你有这种坚强意志真令我欢喜，纵使学科不甚完备，也是值得的，将来回国后，或再补入（国内）某个军官学校都可以。好在你年纪轻，机会多着呢。

你加入政治团体的问题，请你自己观察，择其合意者便加入罢。我现在虽没有直接作政治活动，但时势逼人，早晚怕免不了再替国家出一场大汗。现在的形势，我们起他一个名字，叫做"党前运动"——许多非国民党的团体要求拥戴领袖作大结合，（大概除了我，没有人能统一他们）我认为时机未到，不能答应，但也不能听他们散漫无纪。现在办法，拟设一个虚总部（秘密的）——不直接活动而专任各团体之联络——大抵为团体（公开的），如美之各联邦，虚总部则如初期之费城政府，作极稀松的结合，将来各团事业发展后，随时增加其结合之程度。你或你的朋友也不妨自立一"邦"，和现在的各"邦"同时隶于虚总部之下，将来自会有施展之处。我现在只能给你这点暗示，你自己斟酌进行罢。

以上十月廿九日写

昨日又得加拿大一大堆信，高兴得我半夜睡不着，既然思成信还没有来，知道他渐渐恢复活泼样子，我便高兴了。前次和思永谈起，永说："爹爹尽可放心，我们弟兄姊妹都受了爹爹的遗传和教训，不会走到悲观沉郁一路去"，果然如此，我便快乐了。

寒假把成、徽两人提溜到阿图和顽几天，好极了。他们得大姊姊温暖一度，只怕效力比什么都大。

庄庄学生物学和化学好极了，家里学自然科学的人太少了，你可以做个带头马，我希望达达以下还有一两个走这条路，还希望烂名士将来也把名士气摆脱些，做个科学家。

思永出外挖地皮去不成功，但现在事情也很够他忙了。他所挂的头衔真不少——清华学校助教、古物陈列所审查员、故宫博物院审查员——但都不领薪水（故宫或者有少些），他在清华整理西阴遗物，大约本礼拜可以完工，他现在每礼拜六到古物陈列所，过几天故宫改组后开始办事，他或者有很多的工作，他又要到监狱里测量人体，下月也开始工作，只怕要搬到城里住了。我出医院回津后，就没有看见他。过几天是他生日，要把他的溜回家顽一两天。

希哲替我经营，一切顺利，欣慰之至。一月以来，由二叔交寄汇两次，共三千美金，昨天又由天津兴业汇二千美金，想均收到。前后汇寄之款，皆由变卖国内有价证券而来（一部分是保险单押出之款陆续归还者），计卖去中国银行股票面二万，七年长期票面万八千，余皆以半价卖出——但不算吃亏。因为前几年买入的价格都不过三折余，已经拿了多次利息了——国内百业凋残，一两年后怕所有礼券都会成废纸，能卖出多少转到美洲去，也不至把将来饭碗全部摔破，今年内最多只能再寄美金一千，明年下半年保险满期，当可得一笔稍大之款，照希哲这样经营得三两年，将来吃饭当不至发生问题了。

以上十月三十一日写

这封信写了多天未成，又搁了多天未寄，意在等思成一封信，昨天等到了，高兴到了不得，要续写话又太多，恐怕更阁下去，就把前头写的先寄罢。

昨天思永"长尾巴"叫他回家顽三两天，越发没有工夫写信了。你们千万别要盼我多信，因为我寄给你们的信都是晚上写的，我不熬夜便没有信了，你们看见爹爹少信，便想爹爹着实是养病了。

我这一个礼拜小便非常非常之好，简直和常人一样了。你们听见，当大大高兴。

十一月十五日　爹爹

致孩子们书

1927 年 12 月 12 日

孩子们：

这几天家里忙着为思成行文定礼，已定本月十八日（阳历）在京寓举行，（日子是王姨托人择定的。我们虽不迷信，姑且领受他一片好意。那天恰是星期。）因婚礼十有八、九是在美举行，所以此次文定礼特别庄严慎重些。晨起谒祖告聘，男女两家皆用全帖遍拜长亲，午间宴大宾，晚间家族欢宴。我本拟是日入京，但（一）因京中近日风潮正恶，（二）因养病正见效，入京数日，起居饮食不能如法，恐或再发旧病，故二叔及王姨皆极力主张我勿往，一切由二叔代为执行，也是一样的。今将告庙文写寄，可由思成保藏之作纪念。

聘物我家用玉佩两方，一红一绿，林家初时拟用一玉印，后闻我家用双佩，他家也用双印，但因刻玉好手难得，故暂且不刻，完其太璞。礼毕拟将两家聘物汇寄坎京，备结婚时佩带，惟物品太贵重，深恐失落。届时当与邮局及海关交涉，看能否确实担保，若不能，即仍留两家家长处，结婚后归来，乃授与保存。

在美婚礼，我远隔不能遥断，但主张用外国最庄严之仪式，可由希哲、思顺帮同斟酌，拟定告我。惟日期最盼早定，预先来信告知，是日仍当在家里行谒祖礼，又当用电报往贺也。

婚礼所需，思顺当能筹画，应用多少可由思顺全权办理。另有三千元（华币），我在三年前拟补助徽音学费者，徽来信请暂勿拨付，留待归途游欧之用，今可照拨。若"搞把"有余利，当然不成问题，否则在资本内动用若干，亦无妨，因此乃原定之必要费也。

思成请学校给以留欧费一事，现曹校长正和我闹意见，不便向他说项，（前星期外交部派员到校查办风潮起因，极严厉，大约数日内便见分晓。）

好在校长问题不久便当解决，曹去后大约由梅教务长代理，届时当为设法。

我的病本来已经痊愈了，二十多天，便色与常人无异，惟最近一星期因做了几篇文章，（实在是万不能不做的，但不应该连着做罢了。）又渐渐有复发的形势，如此甚属讨厌，若完全叫我过"老太爷的生活"，我岂不成了废人吗？我精神上实在不能受此等痛苦。

晚饭后打完了"三人六圈"的麻将，时候尚很早，抽空写这封信，尚有许多话要说，被王姨干涉，改天再写罢。

十二月十二日　爹爹

庄庄：那位前辈同学的信收到了，我自己实在开不出书单来，已转记清华一位教授代开，等他回信时便寄上。

致梁思成书

1927 年 12 月 18 日

思成：

　　这几天为你们聘礼，我精神上非常愉快，你想从抱在怀里"小不点点"（是经过千灾百难的），一个孩子盘到成人，品性学问都还算有出息，眼看着就要缔结美满的婚姻，而且不久就要返国，回到我的怀里，如何不高兴呢？今天北京家里典礼极庄严热闹，天津也相当的小小点缀，我和弟弟妹妹们极快乐地顽了半天，想起你妈妈不能小待数年，看见今日，不免起些伤感，但他脱离尘恼，在彼岸上一定是含笑的。除在北京由二叔正式告庙外（思永在京跟着二叔招呼一切），今晨已命达达等在神位前默祷达此诚意。

　　我主张你们在坎京行礼，你们意思如何？我想没有比这样再好的了。你们在美国两个小孩子自己实张罗不来，且总觉太草率，有姊姊代你们请些客，还在中国官署内行谒祖礼（婚礼还是在教堂内好），才庄严像个体统。

　　婚礼只要庄严不要侈靡，衣服首饰之类，只要相当过得去便够，一切都等回家再行补办，宁可从中节省点钱作旅行费。

　　你们由欧归国行程，我也盘算到了。头一件我反对由西伯利亚路回来，因为野蛮残破的俄国，没有什么可看，而且入境出境，都有种种意外危险（到满洲里车站总有无数麻烦），你们最主要目的是游南欧，从南欧折回俄京搭火车也太不经济，想省钱也许要多花钱。我替你们打算，到英国后折往瑞典、挪威一行，因北欧极有特色，市政亦极严整有新意，（新造之市，建筑上最有意思者为南美诸国，可惜力量不能供此游，次则北欧特可观。）必须一往。由是入德国，除几个古都市外，莱茵河畔著名堡垒最好能参观一二，回头折入瑞士看些天然之美再入意大利，多耽搁些日子，把文艺复兴时代的美彻底研究了解。最后便回到法国，在马赛上船，（到西班牙也好，刘子楷在那里当公使，招待极方便，中世及近世初期的欧洲文化实以西班牙为中心。）中间最好能腾出点时间和金钱到土耳其一行，看看回教的建筑和美术，附带着替我看看土耳其革命后政治。[关于这一点，最好能调查得一两部极简明的书（英文的）回来讲给我听听。]

思永明年回美，我已决定叫他从欧洲走，（但是许走西伯利亚路，因为去比来的危难较少。）最好你们哥儿俩约定一个碰头地方，大约以使馆为通信处最便。你们只要大概预定某月到某国，届时思永到那边使馆找你们便是。

从印度洋回来，当然以先到福州为顺路，但我要求你们先回京津，后去福州。假使徽音在闽预定仅住一月半月，那自然无妨。但我忖度情理，除非他的母亲已回北京，否则徽一定愿意多住些日子，而且极应该多住，那么必须先回津，将应有典礼都行过之后，你才送去。你在那边住个把月便回来，留徽在娘家一年半载，则双方仁至义尽。关于这一点，谅来你们也都同意。

十二月十八日　爹爹

致梁思顺书

1927 年 12 月 24 日

思顺：

得前次书，已猜着几分你有喜信，这回连接两书知道的确了，我和王姨都极欢喜。王外长对我十二分恭敬，我倒不好意思为这点小事直接写信给他。他和吴柳隅极熟，今日已写一封极恳切的信给柳隅，看有办法没有，能有最好。万一不能，就在营业款项上挪用些，万不可惜费，致令体子吃亏。须知你是我第一个宝贝，你的健康和我的幸福关系大着哩。好孩子，切须听爹爹的话。

北方局面看着快要完了。希哲倒没有十分难处，外面使领馆很多，随众人的态度为态度便是。你一时既不能上路，便安心暂住那边，最多是到时把总领事头衔摔下，用私人资格住到能行时为止。这都是等临时定局。目下中国事情谁也不能有半年以上的计画，有也是白饶。

营利方针，本来是托希哲全权办理，我绝不过问的，既是对于分裂之股，你们俩人意见不同，那么就折中办理，留一半，售去一半，何如？

几日来颇想移家大连，将天津新旧房舍都售去，在大连叫思成造一所理想的养老房子。那边尚有生意可做，我想希哲回来后，恐怕除了在大连开一个生意局面外，别的路没有可走，但这是一年后的话，现在先说说罢了。

思永明年回到哈佛，或者把庄庄交给他，你的行动便可以自由，这也是后话，那时再说。

范静生昨晨死去，可伤之至。他是大便失血太多，把身子弄虚弱了，偶得感冒小病，竟至送命。我一年以来，我们师徒两人见面（我两次入协和时，他也在那里），彼此都谆劝保养。但静生凡事看不开，不会自寻娱乐，究竟算没有养到。半年来我把图书馆事脱卸交给他，也是我对不住他的地方。他死了，图书馆问题又回到我身上，但我无论如何，只好摔下。别的且不说，那馆在北海琼华岛上，每日到馆要上九十三级石梯，就这一点我已断断乎受不住了。

　　这几次写信都没有工夫，特别和忠忠、庄庄两人说话，但每想起他们，总是欢喜的。

十二月廿四日　爹爹

梁 启 超 家 书

一九二八年家书

致梁思达书

1928 年 1 月

达达：

本想今日出院，因为治疗有效，医生劝多住几天，看进步如何，大约下礼拜五六乃出，总之必回家过年。

这几天的好处，第一是心脏缩小，第二是血球增加，至于小便仍常常带红，但亦有时甚清。

前后灌了两次血，大抵灌血功效极大，以后或者每月灌一回。

前几天专叫我吃肝（牛肝、羊肝），说是最补血，但这两天又停了，说是补得太多也不好。隔天吃一顿鸡，每天吃一次鸡汤煮挂面，其余都是吃素，但咖啡茶等已不禁了，豆类也常吃。

在医院没有什么不好，只是睡觉不均匀，每晚八九点钟便迷糊睡着，两三点便醒，常常到天亮不再睡，每睡不好，小便必红。

初进院时发烧，医生不许下床，近三日已不禁止了，但我仍终日睡在床上，没有到过客厅一次。

这封信给娘娘看过后，便写信给姊姊们看，因为我懒得写信给他们，你并告诉姊姊说外交部前几天电汇二千美金给他们，他收到没有？

这两天姊姊们有信来，可寄来协和，若再过两三天，便不必寄了，等我回家再看。老白鼻要什么东西，叫他自己写信来要。

爹爹

致梁思成书

1928 年 2 月 12 日

思成：

得姊姊电知你们定于三月行婚礼，想是在阿图和吧？不久当有第二封信了。故宫委员事，等第二电来再定办法。

国币五千或美金三千可以给你，详信已告姊。姊在这种年头，措此较大之款，颇觉拮据。但这是你学问所关，我总要玉成你，才尽我的责任。除此间划拨那二千美金外，剩下一千，若姊姊处凑不出这数目，你们只好撙节着用，或少到一两处地方罢了，我前几封信都主张你们从海道回国，反对走西伯利亚铁路。但是若为着省钱计，我也无可无不可。若走西伯利亚要先期告我，等我设法令你们入境无阻滞。

你脚踏到欧陆之后，我盼望你每日有详细日记，将所看的东西留个印象（凡注意的东西都留他一张照片），可以回来供系统研究的资料。若日记能稍带文学的审美的性质，回来我替你校阅后可以出版，也是公私两益之道。

今寄去名片十数张，你到欧洲往访各使馆时可带着投我一片，问候他们，托其招呼，当较方便些。你在欧洲不能不借使馆作通行机关，否则你几个月内不会得着家里人只字了。

你到欧后，须格外多寄些家信，明信片最好，令我知道你一路景况。

此外，还有许多话叫思永告诉你，想已收到了。

二月十二日　爹爹

致梁思成、林徽音书

1928 年 4 月 26—28 日

思成、徽音：

我将近两个月没有写"孩子们"的信了，今最可以告慰你们的，是我的体子静养极有进步，半月前入协和灌血并检查，灌血后红血球竟增至四百二十万，和平常健康人一样了。你们远游中得此消息，一定高兴百倍。

思成和你们姊姊报告结婚情形的信，都收到了，一家的家嗣，成此大礼，老人欣悦情怀可想而知。尤其令我喜欢者，我以素来偏爱女孩之人，今又添了一位法律上的女儿，其可爱与我原有的女儿们相等，真是我全生涯中极愉快的一件事。

你们结婚后，我有两件新希望：头一件你们俩体子都不甚好，希望因生理变化作用，在将来健康上开一新纪元。第二件你们俩从前都有小孩子癖气，爱吵嘴，现在完全成人了，希望全变成大人样子，处处互相体贴，造成终身和睦安乐的基础。这两种希望，我想总能达到的。近来成绩如何，我盼望在没有和你们见面之前，先得着满意的报告。你们游历路程计画如何？预定约某月可以到家？归途从海道抑从陆路？想已有报告在途。若还未报告，则得此信时，务必立刻回信详叙，若是西伯利亚路，尤其要早些通知我，当托人在满洲里招呼你们入国境。

你们回来的职业，正在向各方面筹画进行，（虽然未知你们自己打何主意）一是东北大学教授，（东北为势最顺，但你们去也有许多不方便处，若你能得清华，徽音能得燕京，那是最好不过了。）一是清华学校教授，成否皆未可知，思永当别有详函报告。另外还有一件"非职业的职业"——上海有一位大藏画家庞莱臣，其家有唐（六朝）画十余轴，宋元画近千轴，明清名作不计其数，这位老先生六十多岁了，我想托人介绍你拜他门（已托叶葵初），当他几个月的义务书记，若办得到，倒是你学问前途一个大机会。

你的意思如何？亦盼望到家以前先用信表示。你们既已成学，组织新家庭，立刻须找职业，求自立，自是正办，但以现在时局之混乱，职业能否一定找着，也很是问题。我的意思，一面尽人事去找，找得着当然最好，找不着也不妨，暂时随缘安分，徐待机会。若专为生计独立之一目的，勉强去就那不合式或不乐意的职业，以致或贬损人格，或引起精神上苦痛，倒不值得。一股毕业青年中大多数立刻要靠自己的劳作去养老亲，或抚育弟妹，不管什么职业得就便就，那是无法的事。你们算是天幸，不在这种境遇之下，纵令一时得不着职业，便在家里跟着我再当一两年学生（在别人或正是求之不得的），也没什么要紧。所差者，以徽音现在的境遇，该迎养他的娘娘才是正办，若你们未得职业上独立，这一点很感困难。但现在觅业之难，恐非你们意想所及料，所以我一面随时替你们打算，一面愿意你们先有这种觉悟，纵令回国一时未能得相当职业，也不必失望沮丧。失望沮丧，是我们生命上最可怖之敌，我们须终生不许他侵入。

《中国宫室史》诚然是一件大事业，但据我看，一时很难成功，因为古建筑什九被破坏，其所有现存的，因兵乱影响，无从到内地实地调查，除了靠书本上资料外，（书本上资料我有些可以供给你，尤其是从文字学上研究中国初民建筑，我有些少颇有趣的意见，可惜未能成片段，你将来或者用我所举的例继续研究得有更好的成绩。）只有北京一地可以着手。（幸而北京资料不少，用科学的眼光整理出来，也很够你费一两年工作）。所以我盼望你注意你的副产工作——即《中国美术史》。这项工作，我很可以指导你一部分，还可以设法令你看见许多历代名家作品。我所能指导你的，是将各派别提出个纲领，及将各大作家之性行及其时代背景详细告诉你，名家作品家里头虽然藏得很少，（也有些佳品为别家所无），但现在故宫开放以及各私家所藏，我总可以设法令你得特别摩挲研究的机会，这便是你比别人便宜的地方。所以我盼望你在旅行中便做这项工作的预备。所谓预备者，其一是多读欧人美术史的名著，以备采用他们的体例。关于这类书认为必要时，不妨多买几部。其二是在欧洲各博物馆、各画苑中见有所藏中国作品，特别注意记录。

回来时立刻得有职业固好，不然便用一两年工夫，在著述上造出将来自己的学术地位，也是大佳事。

你来信终是太少了，老人爱怜儿女，在养病中以得你们的信为最大乐事，你在旅行中尤盼将所历者随时告我（明信片也好），以当卧游，又极盼新得的女儿常有信给我。

四月廿六日　爹爹

清华教授事或有成功的希望，若成功（新校长已允力为设法），则你需要开学前到家，届时我或有电报催你回来。

廿八日又书

致梁思顺书
1928 年 4 月 28 日

思顺：

　　两个月没有亲笔写 "孩子们" 的信，你们只怕望眼将穿了。好在思永、达达们的信不少，你们对于我的体子，当可放心。现在最好的消息，是血球已增至四百二十万，便血虽未全止，比从前总是清得很多。此外精神极旺盛，胃口极好，不必多说。

　　报告婚礼情形，各信都收到了，在不丰不俭之间，办得极庄严极美丽，正合吾意。现在又预备新人到家谒祖时的热闹了，届时再报告你们。

　　这回经济上的筹画供给，全亏了希哲，只是太劳苦他了。我真是当了老太爷，你们这些弟弟妹妹们，得着这样的姊夫姊姊，也太便宜了。

　　你来信说从七月起将家用全部担任，这却不必，以现在情形论，本年内家用尚很有敷余，现在家用折中尚存四千元左右，一两月内尚有其他股息可收，商务印书馆售书收入亦尚有，所以一直到本年年底，还用不着你们接济。若将钱寄回来，倒无安放处（稳妥），不如留在外边生利。我的意思最好是你们将所拟寄回接济家用之款留起来算借给你们作为资本，（例如你预备每月寄回二百金，你便按月将这二百金存储，算是借给你们，不用计息，将来把本钱归还便是。如此则半年内你们亦得千二百金资本，一年得二千四百资本，岂不是可以帮助许多吗。）你们也借此做些少营业，弥补在外的亏空，如此一举两得，岂非最好。将来若家里需要接济时，预先一两个月告诉你们便得了。

　　保险费全数只有三万三千元，除扣除借款外，只有一万六千八百余元，收到后当即汇来，所汇只能有美金八千。

　　外交部索欠事，已函罗钧任，尚未得复。此次恐怕无效，因为最近各机关收入都归所谓 "政费委员会" 者管理，外部还能否有特别通融之路，殊不敢知。

　　庄庄暑期内特别用费可即付，以后凡这类事，你全权办理，不必来问，徒费时日，或者我懒得写信时，便耽误了。总之，我的孩子个个都不会浪费，你做姊姊的，尤其会斟酌支配，你瞧着该怎么办便怎么办，我无不同意，何必常常来麻烦我呢。

　　这信到时，计算着你快要分娩了，我正天天盼平安喜电哩，我也极望添一个孙女儿，得电后即命名寄去。

　　要说的话很多，一时想不起来，先把这几张纸写去罢。

四月廿八日　　爹爹

致梁思顺书

1928 年 5 月 4 日

思顺：

　　三日前一短信，想收到，外部索欠恐绝对的无办法，因为这一两年来外部全靠船钞收入挹注，现在船钞已由南方截留净尽，部中已干瘪，你们别要再指望罢。

　　关于思成职业问题，你的意见如何？他有点胡闹，我在几个月以前，已经有信和他商量，及此他来信一字不提（根本就来信太少），因此我绝不知他打何主意，或者我所替他筹画的事，他根本不以为然，我算是白费心了。这些地方，他可谓少不更事，朋友们若是关心自己的事，替自己筹画，也应该急速回信给他一个方针，何况尊长呢？（他不愿以自己的事劳动我的思虑，也是他的孝心，但我既已屡屡问及他，总要把他意旨所在告诉我才是。）我生性爱管闲事，尤其是对于你们的事，有机会不能不助一臂之力，但本人意思如何，全未明白，那真难着手了。你去信关于这些地方，应该责备他，教导他一下。

五月四日　爹爹

致梁思顺书

1928 年 5 月 8 日

　　不能和思成直接通信，真是着急，别信可急寄去或撮举大意再发电告彼。

　　时局益加混沌，但京、津间或尚可苟安若干时日。

　　我清华事到底不能摆脱，我觉得日来体子已渐复元，虽不能摆脱，亦无妨，因为我极舍不得清华研究院。（思永大不以为然，大大地撅嘴。）别的话改天再谈。

五月八日　爹爹

致梁思顺书

1928 年 5 月 13 日

顺儿：

昨日电汇美金八千，又另一电致思成，想皆收。

保险费共得三万三千，除去借款外，万六千余恰好合八千金，寄坎营业资本，拟即从此截止。此后每月尚有文化基金会还我从前保单押款五百元，至明年二月乃满，但此款暂留作家用，不寄去了。

在寄去资本总额中，我打算划出三千或五千金借给你们营业，俾你们得以维持生活，到将来，营业结束时，你们把资本还我便是了。因为现在思成婚礼既已告成，美中无须特别用款，津中家用现在亦不须仰给于此，有二万内外资本去营业，所收入已很够了。你在外太刻苦，令我有点难过，能得些贴补，少点焦虑，我精神上便增加愉快。

此信到时，计算你应该免身了，我正在天天盼望平安喜电哩。你和忠忠来信，都说"小加儿"，因此我已经替他取得名字了，大名叫做"嘉平"，小名就叫"嘉儿"，不管是男是女，都可用（若是男孩外国名可以叫做查理士）。新近有人送我一方图章，系明末极有名的美术家蓝田叔（《桃花扇》中有他的名字）所刻"嘉平"两字，旁边还刻有黄庭经五句，刻手极精，今随信寄去，算是公公给小嘉儿头一封利是。

思成（目前）职业问题，居然已得解决了。清华及东北大学皆请他，两方比较，东北为优，因为那边建筑事业前途极有希望，到彼后便可组织公司，从小规模办起，徐图扩充，所以我不等他回信，径替他作主辞了清华，（清华太舒服，会使人懒于进取。）就东北聘约了，你谅来也同意吧。但既已应聘，九月开学前须到校，至迟八月初要到家，到家后办理庙见大礼，最少要十天八天的预备，又要到京拜墓，时日已不大够用了。他们回闽省亲事，只怕要迟到寒假时方能举行。

庄庄今年考试，纵使不及格，也不要紧，千万别要着急，因为他本勉强进大学，实际上是提高（特别）了一年，功课赶不上，也是应该的。你们弟兄姊妹个个都能勤学向上，我对于你们功课绝不责备，却是因为赶课太过，闹出病来，倒令我不放心了。

看你们来信，像是觉得我体子异常衰弱的样子，其实大不然。你们只要在家里看见我的样子，便放下一千万个心了。你们来信像又怕我常常有忧虑，以致损坏体子，那更是误看了。你们在爹爹膝下几十年，难道还不知道爹爹的脾气吗？你们几时看见过爹爹有一天以上的发愁，或一天以上的生气？我关于德性涵养的功夫，自中年来很经些锻炼，现在越发成熟，近于纯任自然了，我有极通达极强健极伟大的人生观，无论何种境遇，常常是快乐的，何况家庭环境，件件都令我十二分愉快。你们弟兄姊妹个个都争气，我有什么忧虑呢？家计虽不宽裕，也并不算窘迫，我又有什么忧虑呢？

此次灌血之后，进步甚显著，出院时医生说可以半年不消再灌了。现在实行"老太爷生活"，大概半年后可以完全复原，（现在小便以清为常态，偶然隔一天八天小小有点红，已成例外了。）你们放一万个心罢。

时局变化甚剧，可忧正多，但现在也只好静观，待身子完全复原后，再作道理。

北戴河只怕今年又去不成，也只好随缘。天津治安秩序想不成问题，我只有守着老营不动。

五月十三日　爹爹

忠忠要小嘉儿做干孩子和老白鼻商量不通，他说他是海军大将，要四个小兵正缺一个，等着小嘉儿补缺呢！

致梁思成书

1928 年 6 月 10 日

思成：

昨日得电，问清华教什么，清华事有变动，前信已详，计日内当到，所以不复电，再用信补述一下。

前在清华提议请你，本来是带几分勉强的，我劝校长增设建筑图案讲座，叫你担任，他很赞成，已经提出评议会。闻会中此类提案甚多，正付审查未表决，而东北大学交涉已渐成熟。我觉得为你前途立身计，东北确比清华好（所差者只是参考书不如北京之多），况且东北相需甚殷，而清华实带勉强。因此我便告校长，请将原案撤回，他曾否照办，未可知，但现在已不成问题了。清华评议会许多议案尚未通过，新教习聘书一概未发（旧教习契约满期者亦尚未续发），而北京局面已翻新，校长辞职，负责无人，下学期校务全在停顿中。该校为党人所必争，不久必将全体改组，你安能插足其间？前议作罢，倒反干净哩。

现在剩下的是东北问题。那方面本来是略已定局的，但自沈阳炸弹案发生后，奉天情形全在混沌中，此间也不能得确实消息，恐怕奉天不能安然无事的。下学期东北能否开学，谁也不敢说，现在只得听之。大约一个月内外，形势也可判明了。当此乱世，无论何种计划都受政治波动，不由自主，你回来职业问题有无着落，现在也不敢说了。这些情形，我前信早已计及，想你也已有觉悟和准备。

东北大学情形如何虽未定局，但你仍以八月前赶回最好。那时京、奉交通能否恢复，未可知（现在不通），你若由铁路来，届时绕大连返津，亦无不可。

在国境上若无人往接，你到哈尔滨时，可往浙江兴业银行或中国银行接洽。

北京图书馆寄去买书费，闻只五十镑，甚为失望。该款寄伦敦使馆交你，收到后即复馆中一信（北海公园内北京图书馆，非松馆也），为要。

六月十日　爹爹

致梁思顺书

1928 年 6 月 19 日

这几天天天盼你的安电，昨天得到一封外国电报以为是了，打开来却是思成的，大概三五天内，你的好消息也该到哩。

天津这几天在极混乱极危急中，但住在租界里安然无事，我天天照常地读书顽要，却像世外桃源一般。

我的病不知不觉间已去得无影无踪了，并没有吃药及施行何种治疗，不知怎样竟然自己会好了。中间因着凉，右膀发痛（也是多年前旧病），牵动着小便也红了几天、膀子好后，那老病也跟着好了。

近日最痛快的一件事，是清华完全摆脱，我要求那校长在他自己辞职之前先批准我辞职，已经办妥了。在这种形势之下，学生也不再来纠缠，我从此乾乾净净，虽十年不到北京，也不发生什么责任问题，精神上很是愉快。

思成回来的职业，倒是问题，清华已经替他辞掉了，东北大学略已定局，惟现在奉天前途极混沌，学校有无变化，殊不可知，只好随遇而安罢，好在他虽暂时不得职业，也没甚紧要。

你们的问题，早晚也要发生，但半年几个月内，怕还顾不及此，你们只好等他怎么来怎么顺应便是了。

我这几个月来生活很有规则，每天九时至十二时，三时至五时做些轻微而有趣的功课，五时以后照例不挨书桌子，晚上总是十二点以前上床，床上看书不能免，有时亦到两点后乃睡着，但早上仍起得不晚。（以上两纸几天以前写的，记不得日子了。）

十九日记

三天前得着添丁喜安电，阖家高兴之至，你们盼望添个女孩子，却是王姨早猜定是男孩子，他的理由说是你从前脱掉一个牙，便换来一个男孩，这回脱两个牙，越发更是男孩，而且还要加倍有出息，这些话都不管他。这个饱受"犹太式胎教"的孩子，还是男孩好些，将来一定是个陶朱公。

这回京津意外安谧，总算万幸，天津连日有便衣队滋扰，但闹不出大事来，河北很遭殃（曹武家里也抢得精光），租界太便宜了。

思永关在北京多天，现在火车已通，廷灿、阿时昨今先后入京，思永再过两三天就回来，回来后不再入京，即由津准备行程了。

王姨天天兴高采烈地打扮新房，现在竟将旧房子全部粉饰一新了（全家沾新人的光），这么一来，约也花千元内外。

奉天形势虽极危险，但东北大学决不至受影响，思成聘书已代收下，每月薪金二百六十五元（系初到校教员中之最高额报酬）。那边建筑事业将来有大发展的机会，比温柔乡的清华园强多了。但现在总比不上在北京舒服，不知他们夫妇愿意不。（尚未得他信，他来信总是很少。）我想有志气的孩子，总应该往吃苦路上走。

思永准八月十四由哈尔滨动身，九月初四可到波士顿，届时决定抽空来坎一行。

家用现尚能敷衍，不消寄来，但日内或者需意外之费五千元，亦未可知，（因去年在美国赔款额内补助我一件事业，原定今年还继续一年，若党人不愿意，我便连去年的也退还他。）若需用时，电告你们便是。

我的旧病本来已经好清楚了两个多月，这两天内忽然又有点发作（但很轻微），因为批阅清华学生成绩，一连赶了三天，便立刻发生影响，真是逼着我做纯粹的老太爷生活了。现在功课完全了结（对本年的清华总算全始全终），再好生将养几天，一定会复元的。

六月十九日　爹爹

致梁思顺书

1928 年 8 月 22 日

　　新人到家以来，全家真是喜气洋溢。初到那天看见思成那种风尘憔悴之色，面庞黑瘦，头筋涨起，我很有几分不高兴。这几天将养转来，很是雄姿英发的样子，令我越看越爱。看来他们夫妇体子都不算弱，几年来的忧虑，现在算放心了。新娘子非常大方，又非常亲热，不解作从前旧家庭虚伪的神容，又没有新时髦的讨厌习气，和我们家的孩子像同一个模型铸出来。所以全家人的高兴，就和庄庄回家来一般，连老白鼻也是一天挨着二嫂不肯离去。

　　我辞了图书馆长以后，本来还带着一件未了的事业，是编纂《中国图书大辞典》，每年受美国庚款项下津贴五千元。这件事我本来做得津津有味，但近来廷灿屡次力谏我，说我拖着一件有责任的职业，常常工作过度，于养病不相宜。我的病态据这大半年来的经验，养得好便真好，比许多同年辈的人都健康；但一个不提防，却会大发一次，发起来虽无妨碍，但经两三天的苦痛，元气总不免损伤。所以我再四思维，已决意容纳廷灿的忠告，连这一点首尾，也斩钉截铁的辞掉。本年分所领津贴已经退还了（七月起），去年用过的五千元（因为已交去相当的成绩），论理原可以不还，但为省却葛藤起见，打算也还却。现在定从下月起，每月还二百元，有余力时便一口气还清。你们那边营业若有余利时，可替我预备这笔款，但不忙在一时，尽年内陆续寄些来便得。

爹爹

致梁思顺书

1928 年 10 月 12 日

顺儿：

九月六日、九日书同日到（九日的却早到几点钟）。希哲那位贵长官竟自有这一手，也颇出我意外，再一想他是要替新贵腾星加坡缺，潮尾卷到坎拿大亦毫不足怪，李骏谅未必肯来别派人。若那人耳目稍灵，知是赔钱地方亦当裹足不前，你们还是爱住多少时，便住多少时也。我一星期前正去信劝希哲和贵部长断绝来往，关起大门，料理自己的事。你九日来信所言正不谋而合，只管去一信索盘费，索不着以后可绝对的不理会矣。现在所谓国民政府者，收入比从前丰富得多（尤其关税项下），不知他们把钱弄到哪里去了，乃至连使馆馆员留支都克扣去。新贵们只要登台三五个月，就是腰缠十万，所谓廉洁政府，如是如是。希哲在这种政府底下做一员官，真算得一种耻辱，不过一时走不开，只得忍耐。他现在撵你们走，真是谢天谢地。

写到这里，阿永由坎发来的信也到了，忠忠也有一封信来；（阿永给伦敦信和给八爷的信片也是昨天到。）两天内连接五六封信，真高兴。

我平常想你还自可，每到病发时便特别想得厉害，觉得像是若顺儿在旁边，我向他撒一撒娇，苦痛便减少许多。但因为你事实上既未能回家，我总不愿意说这种话。现在好了，我的顺儿最少总有三五年依着我膝下，还带着一群可爱的孩子——小小白鼻接上老白鼻——常常跟我玩。我想起八个月以后家里的新生活，已经眉飞色舞了。

你们回来，何必急急于在津买房子呢？卖了斐岛房产，当然该用来添做资本去另辟你们的新路，新房子现租给中原公司，几乎连半价的租钱——百二十元——都纳不起（工部局却要照三百六十元收营业税），常常拖欠一两个月，我们早已决意要收回了。催搬不下十数次，王搏沙只是死赖着，交情上只得放松时日。他本来答应年内必搬出，拟和他再切实订明，再不能过明年三月了。收回后却是不能租给那家，因为许多书放在房内，所以横竖总是空着。你们回来在那边住，不是最合适吗？我早打算那新房子，留着给你们姊妹弟兄——已结婚的——回来省亲的，轮流着住，有时两个以上同时回来，也可以够住。将来那边常有人住，不空着，便是我最大的快乐。你当老姊姊的，便做带头马，先住他三两年，岂不好极吗？（思成他们回家自有他们现在收拾得很好那两间房子。）希哲性情是闲不住的，回来不到两三个月，怕就要往外跑——为营业计，也该早去觅机会——跑出去做生意。只怕一年到头在家的时候也不能多，你带着几个孩子，何必另起炉灶，又费钱又费事呢。

回来后生意托给信托公司处分最好，一切由你们全权办理便得。最好是你们动身以前这几个月中，若有机会，把庄庄来年学费和永、庄两人回国川资都弄妥，交给他们。但数目太大，一时怕弄不够，那么交给信托公司办理，亦未尝不可。一切由你们斟酌自定。

今年家用略为差点，能有二三千回来便极好，否则我自有法子对付过去。

前信曾谈及怕生意闪手，现在风浪已过，大放心了，想七八月间，你们很着急罢。

思成说你们吃得太坏，我和全家人都不以为然。宁可别的节省，吃得坏会伤身子，于孩子尤不相宜。虽只有几个月，希望你们还是改良些。

姑丈（全家）已回南了，二叔事情可捱到年底（以后一点办法没有），七叔在南开教书，倒甚好。十四舅还是闲着，常常要我设法子，我实在爱莫能助，奈何。

十月十二日　爹爹

致梁思成书

1928 年 10 月 17 日

思成：

　　这回上协和一个大当。他只管医痔，不顾及身体的全部，每天两杯泻油，足足灌了十天，（临退院还给了两大瓶，说是一礼拜继续吃，若吃多了非送命不可）把胃口弄倒了。也是我自己不好，因胃口不开，想吃些异味炒饭、腊味饭，乱吃了几顿，弄得胃肠一塌糊涂，以致发烧连日不止（前信言感冒误也）。人是瘦到不像样子，精神也很委顿，现由田邨医治，很小心，不乱下药，只是叫睡着（睡得浑身骨节酸痛），好容易到昨今两天热度才退完，但胃口仍未复原，想还要休息几日。古人谓"有病不治，常得中医"，到底不失为一种格言了。好在还没有牵动旧病。每当热度高时，旧病便有窃发的形势，热度稍降，旋即止息，像是勉强抵抗相持的样子。

　　姊姊和思永、庄庄的信都寄阅。姊姊被撵，早些回来，实是最可喜的事。我在病中想他，格外想得厉害，计算他们在家约在阳历七月，明年北戴河真是热闹了。

　　你营业还未有机会，不必着急，安有才到一两月便有机会找上门来呢？只是安心教书，以余力做学问，再有余力（腾出些光阴）不妨在交际上稍注意，多认识几个人。

　　我实在睡床睡怕了，起来闷坐，亦殊苦，所以和你闲谈几句。但仍不宜多写，就此暂止罢。

十月十七日　　爹爹

图书在版编目（CIP）数据

梁启超家书 / 梁启超著 . —北京：中国华侨出版社，
2022.8（2023.1 重印）
ISBN 978-7-5113-8733-2

Ⅰ.①梁… Ⅱ.①梁~ Ⅲ.①梁启超（1873~1929）—
书信集 Ⅳ.① K825.1

中国版本图书馆 CIP 数据核字（2021）第 261861 号

梁启超家书

著　　者 / 梁启超	
责任编辑 / 姜薇薇　桑梦娟	
封面设计 / 胡椒设计	
经　　销 / 新华书店	
开　　本 / 710 毫米 ×1000 毫米　1/16　印张 /15　字数 /230 千字	
印　　刷 / 三河市华润印刷有限公司	
版　　次 / 2022 年 8 月第 1 版　2023 年 1 月第 2 次印刷	
书　　号 / ISBN 978-7-5113-8733-2	
定　　价 / 49.80 元	

中国华侨出版社　北京市朝阳区西坝河东里 77 号楼底商 5 号　邮编：100028
编辑部：（010）64443056
发行部：（010）64443051　　传　真：（010）64439708
网　址：www.oveaschin.com　E-mail：oveaschin@sina.com